PRETA
E
MULHER

Tsitsi Dangarembga

PRETA E MULHER

Tradução: Carolina Kuhn Facchin

kapulana

São Paulo
2023

Título original: *Black and female*

Copyright © 2022 Editora Kapulana Ltda. – Brasil
Copyright © 2022 Tsitsi Dangarembga

2022 – edição publicada por
Faber & Faber Limited
Bloomsbury House, 74–77 Great Russell Street
London wc1b 3da - UK
Publicada por acordo com Tassy Barham Associates.
(*Published by arrangement with Tassy Barham Associates.*)

Grafia atualizada segundo o Acordo Ortográfico da Língua Portuguesa de 1990, em vigor no Brasil a partir de 2009.

Direção editorial:	Rosana Morais Weg
Tradução:	Carolina Kuhn Facchin
Projeto gráfico:	Daniela Miwa Taira
Capa:	Mariana Fujisawa

Dados internacionais de Catalogação na Publicação (CIP)
(Câmara Brasileira do Livro)

Dangarembga, Tsitsi
  Preta e mulher / Tsitsi Dangarembga; tradução Carolina Kuhn Facchin. -- São Paulo: Kapulana Publicações, 2023.

  Título original: Black and female
  ISBN 978-65-87231-27-3

  1. Feminismo 2. Misoginia 3. Preconceitos 4. Racismo 5. Relatos pessoais I. Título

23-146857   CDD-305.8092

Índices para catálogo sistemático:

1. Racismo: Preconceitos: Relatos pessoais
305.8092

Eliane de Freitas Leite - Bibliotecária - CRB 8/8415

2023

Reprodução proibida (Lei 9.610/98)
Todos os direitos desta edição reservados à Editora Kapulana Ltda.
Av. Francisco Matarazzo, 1752, cj. 1604 – São Paulo – SP – Brasil – 05001-200
www.kapulana.com.br

Introdução   7

Escrever como preta e mulher   16
Preta, mulher e a supermulher feminista preta   47
Descolonização como imaginação revolucionária   76

Notas   104

A autora   107

As Notas Finais – após os ensaios – são notas da Autora.
Estão indicadas, em cada ensaio, por algarismos arábicos.

As Notas de Rodapé são notas explicativas da Editora Kapulana.
Estão indicadas no texto por algarismos romanos.

INTRODUÇÃO

Sou uma refugiada existencial. Encontro-me em estado de fuga desde que saí do útero, e provavelmente desde antes disso, considerando as circunstâncias em que nasci e o efeito delas em minha realidade pré-natal.

Quando nasci, meus pais viviam no distrito Murewa, uma hora a oeste de Harare, onde os dois davam aulas na Escola de Ensino Médio de Murewa. A escola ficava em uma missão estabelecida por um missionário da *American Methodist Episcopal Church* (AME)[I], em 1909. Eu nasci em um hospital em Nyadire, outra missão da AME a mais ou menos 150 quilômetros de onde meus pais trabalhavam, localizada no extremo nordeste do país. Quando nasci, a mesma igreja, cuja sede era e continua a ser nos Estados Unidos da América, fundiu-se com duas outras denominações metodistas para formar a *The United Methodist Church* (UMC)[II]. Meus pais eram membros fiéis.

O país em si, a Rodésia do Sul, ainda era então uma colônia britânica, embora com governo próprio, o que havia sido alcançado em 1923. Como resultado, a colônia tinha seu próprio parlamento, serviços públicos e de segurança, que respondiam à administração colonial, e não ao governo britânico, como acontecia anteriormente. Hoje, opiniões sobre a natureza da política colonial britânica na época se dividem. Izuakor nos conta sobre como a política oficial dos colonizadores europeus do Quênia, adotada em 1902, resultou em um aumento da população europeia de cerca de uma dúzia em 1901, para 9.651 em 1921, contra

---

[I] AME: *American Methodist Episcopal Church* [Igreja Metodista Episcopal Americana].
[II] UMC: *The United Methodist Church* [Igreja Metodista Unida].

cerca de 2,5 milhões de africanos, e que, apesar desta preponderância do povo africano, um sistema de supremacia europeia foi estabelecido.[1] Whaley, por outro lado, defende que uma política de supremacia de interesses africanos foi o fio condutor de toda a colonização britânica no continente, sendo a Rodésia a exceção.[2] O argumento de Whaley baseia-se, por um lado, em um *white paper*[III] emitido pelo Secretário de Estado Britânico para as Colônias, o duque de Devonshire, cujo objetivo era mudar a soberania nas colônias africanas britânicas dos colonialistas para a população africana, e em três peças-chave da legislação rodesiana a que ele se refere coletivamente como os Documentos Constitucionais que consolidaram a separação de raças. O *white paper* foi emitido em 1923, o mesmo ano em que a autogestão foi concedida à Rodésia do Sul. De acordo com os arranjos constitucionais fechados entre a Grã-Bretanha e sua colônia, que abriram caminho para essa autogestão, a Grã-Bretanha mantinha o direito de intervir nos assuntos legislativos da colônia, particularmente no que diz respeito a assuntos "nativos". Na realidade, porém, não agiu para combater as tendências supremacistas brancas que a colônia logo exibiu.

A legislação racista promulgada menos de uma década depois que a Rodésia do Sul se tornou autogovernada incluiu a Lei de Distribuição de Terras de 1930. Essa lei dividiu a colônia em áreas "europeias", "nativas", "indeterminadas", "florestais" e "não atribuídas". Além dessas divisões, a lei proibia os africanos de comprar terras em áreas designadas para europeus. Isso poderia não ter sido punitivo se o ato previsse a compra de terras suficientes para atender às necessidades da população africana. De forma injustificada, exceto pelos princípios da supremacia

---

[III] *white paper*: guia de políticas de governo utilizado por países colonizadores em suas colônias.

branca, aos africanos foi concedido o direito de comprar terras sem competição dos colonos em apenas 7% do país. Isso acabaria tornando-se uma queixa permanente da população africana e, em última análise, a principal causa da luta armada anticolonial do Zimbábue, que começou em abril de 1966 com uma batalha em Chinhoyi, uma cidadezinha a cerca de 160 quilômetros a noroeste de Harare, e que durou até que um acordo entre os nacionalistas e o governo da Rodésia foi alcançado na Conferência de Lancaster House no final de 1979.

Depois de 1923, o espaço e o corpo continuaram a determinar o acesso a direitos na Rodésia, apesar do poder de intervenção do governo britânico. O país tornou-se um quase-estado com fronteiras internas invisíveis que foram consolidadas pela legislação. As cidades eram geralmente vistas como territórios europeus. Os africanos, que residiam em áreas africanas demarcadas – chamadas de *townships* –, passaram a ser considerados imigrantes nessas regiões. Efetivamente, certas partes do país tornaram-se simbólica e legalmente brancas, uma convergência que excluiu a presença de corpos pretos não regulamentados desses locais. Por outro lado, os espaços onde os africanos tinham alguma mobilidade – o que incluía as reservas e as periferias das áreas urbanas – eram ideologizados como primitivos, atrasados e subdesenvolvidos, habitados por pessoas que pertenciam à categoria "outro". O controle necessário para manter esses dois domínios de existência separados foi exercido tanto oficial quanto extraoficialmente.

Um sistema de passes foi introduzido no país quase imediatamente depois que os colonizadores chegaram, em 1890, à área que hoje é Harare, enquanto os certificados de passes reais foram introduzidos na década de 1930. Os rodesianos se referiam a esses primeiros colonizadores como a Coluna Pioneira. Esta coluna era um exército de cerca de quinhentos homens brancos recrutados por Cecil Rhodes por meio de sua *British South Africa Company*

(BSAC)[IV]. Seu objetivo era anexar à BSAC o país para onde tinham marchado. Cecil Rhodes foi primeiro-ministro da Colônia do Cabo, no sudoeste do que hoje é a África do Sul, de 1890 a 1896. As leis de passe foram introduzidas na Colônia do Cabo em 1760 pelo governador Earl Macartney, um colono anglo-irlandês, administrador e diplomata, a fim de controlar a circulação de escravos na colônia, e foram posteriormente ampliadas para impedir a entrada de africanos na área. Ao introduzir as leis de passe no território recém-anexado assim que chegou, Rhodes continuou uma tradição britânica arraigada de segregação.

Os passes funcionam de forma parecida com um sistema de passaporte interno. No início, as leis de passe da Rodésia aplicavam-se apenas aos homens africanos. A caderneta que os homens africanos, e depois as mulheres nas áreas urbanas, passaram a ser obrigados a portar estipulava onde um africano poderia trabalhar, onde poderia morar e com quem poderia se casar. Meu pai era um homem que, pela lei, era obrigado a portar tal caderneta no país onde era cidadão. O controle da mobilidade física era uma tática crucial na estratégia da supremacia branca rodesiana. Minha mãe me contou sobre um incidente em que, como estudante do ensino médio na década de 1940, tendo retornado para a casa de sua família nos Planaltos Orientais para as férias, ela fez uma viagem para a cidade vizinha de Umtali. Enquanto caminhava pelas ruas, um grupo de jovens brancos a golpeou e a empurrou da calçada para a sarjeta.

A mobilidade física e o acesso à terra não eram os únicos aspectos da vida dos africanos controlados pelo governo colonial da Rodésia. Após a concessão de autogestão em 1923, a colônia se afastou do modelo educacional sul-africano e passou a priorizar altos padrões de educação secundária, com o objetivo de dar

---

[IV] BSAC: *British South Africa Company* [Companhia Britânica da África do Sul].

a seus filhos oportunidades de vida semelhantes às desfrutadas pela juventude britânica. Por outro lado, as escolas públicas para africanos se limitavam, inicialmente, ao ensino de habilidades agrícolas e industriais. A primeira escola secundária acadêmica para jovens africanos foi aberta na Saint Augustine, uma missão anglicana perto de Penhalonga, nos Planaltos Orientais. Os bons resultados de alunos da Saint Augustine levaram o governo a oferecer mais instituições acadêmicas de ensino secundário para alunos africanos. A Escola Secundária Goromonzi, perto de Harare, foi inaugurada em 1946, enquanto a Escola Secundária Fletcher, em Gweru, foi inaugurada em 1957. Minha mãe foi uma das primeiras alunas da Goromonzi – ela foi atacada pelos jovens brancos durante as férias. De volta à escola após o incidente chocante, quando sua turma foi convidada a escrever uma redação sobre o recesso, minha mãe narrou o episódio com raiva ferrenha. Mais tarde, ela foi chamada à sala do diretor, onde ouviu que tais histórias eram inapropriadas e foi instruída a tomar cuidado para nunca mais escrever relatórios de tais incidentes.

As instituições de ensino na Rodésia do Sul eram segregadas, assim como muitas outras instituições no país. As iniciativas de dessegregação foram responsabilidade de um grupo de cidadãos brancos, que se esforçou para introduzir um sistema de mudança gradual que evitasse os piores aspectos do *apartheid* praticado pelo governo na União Sul-Africana, nossa vizinha. O objetivo final desses cidadãos era criar um tipo de sociedade multirracial. Os dessegregacionistas eram da opinião de que o domínio branco teve um efeito civilizatório sobre os africanos e que essa nova civilização se manifestava nos comportamentos e instituições africanas. Nas palavras escritas em 1960 por Edgar Whitehead, que na época era primeiro-ministro e Ministro dos Assuntos Nativos da Rodésia do Sul, "Uma nova fase torna-se aparente entre os africanos, e isso é percebido em suas instituições. Essa mudança se reflete em sua capacidade de trabalhar juntos em grupos organizados, cooperar, agir de forma constitucional, e subordinar quaisquer vantagens pessoais a ideais comunitários ou cívicos."³ A afirmação de Whitehead aponta para a ideia difundida entre a população branca da Rodésia do Sul de que, além desses africanos emergentes e cultivados, existiam no país africanos de outro tipo. Segundo Alan Cousins, geralmente três tipos de africanos eram percebidos pelos brancos: os "civilizados", os "nacionalistas" e as "massas". "Os 'civilizados' eram considerados um grupo muito pequeno, emergente, que não apoiava os 'nacionalistas'." Dizia-se que uma característica desses africanos civilizados era a de serem moderados, junto à suposição de que seus traços afetivos e cognitivos correspondiam aos valores e sentimentos europeus. Os nacionalistas eram vistos como instáveis, criminosos, extremistas escandalosos que desejavam arrogar o poder para si. Também se considerava que esses temíveis nacionalistas formavam um grupo pequeno, de modo que, na ideologia dos colonos, a maior parte da população africana caía na categoria indiferente e amorfa das "massas". Acreditava-se que eram muito felizes, contentes com o progresso alcançado sob o colonialismo, que apoiavam alegremente o governo dos colonos e que não tinham interesse pela política.

***

A introdução do domínio colonial britânico na África coincidiu com os últimos estágios da era vitoriana. Durante esse período, havia uma forte motivação religiosa que exigia altos padrões morais, impulsionada por igrejas não conformistas, incluindo as metodistas e a ala evangélica da Igreja Anglicana. Seus valores incluíam fé, caridade, respeito e uma ética trabalhista incansável, que se combinavam para construir a ideia de cidadãos exemplares, dotados de dignidade e autocontrole. Na Rodésia do Sul, esses ideais de moralidade e decência foram impingidos à população africana em benefício do estado rodesiano. Do ponto de vista dos colonos brancos, as mulheres africanas eram vistas inicialmente como vítimas dos homens africanos. Esses homens eram ideologizados como seres que recorriam à violência à menor provocação e que tinham pouca ou nenhuma vontade de trabalhar. Essa ideologização do homem africano foi necessária para justificar o duro controle estabelecido sobre o corpo desses homens a partir de 1890, e sua coerção por diversos meios ao trabalho que o projeto colonial capitalista exigia. Assim, as mulheres africanas foram a princípio vistas como presas desses homens, que lhes impunham pesadas demandas socioeconômicas, das quais elas deveriam ser resgatadas. O sistema de trabalho migrante ao qual os homens africanos foram submetidos, no entanto, levou a um aumento da incidência de desafios sociais como o trabalho sexual e as doenças venéreas, levando a imaginação da supremacia branca a conjurar uma "imoralidade natural" para explicar esses fenômenos, que seu sistema da produção capitalista havia acelerado.

A BSAC adotou uma política de concessão de grandes extensões de terra às organizações missionárias desde o início. É provável que isso tenha ocorrido porque a companhia reconhecia que o cristianismo, com sua doutrina de docilidade e de oferecer a outra face, teria o efeito salutar de domar a população africana do continente, tornando assim as pessoas mais prontamente disponíveis para atender à necessidade de uma abundante oferta de mão de obra barata. Na verdade, essas missões acabaram sendo locais onde se minava a personalidade das populações africanas. Em 1902, o reverendo J. W. Stanlake escreveu que compreender a noção de pecado e a necessidade de salvação só poderia "acontecer na mente nativa como um despertar gradual. Nosso trabalho é semelhante ao do engenheiro submarino; não pode ser visto. Estamos minando. Às vezes, o inesperado acontece. Nosso trabalho é postergado e precisamos começar de novo."⁴

A mistura de colonialismo e religião que deu origem à cultura missionária na Rodésia do Sul moldou as trajetórias de meus pais e as trajetórias de muitos outros africanos que foram influenciados pela vida missionária por meio de seu desejo de estudar. Todo o construto era, intencionalmente ou não, fundamentalmente maligno. Poucas coisas boas emergiram das fundações da sociedade colonial conforme foram estabelecidas no Zimbábue. Hoje, os zimbabuanos lutam contra aqueles que assumiram o edifício do estado colonial na independência.

Eu nasci, então, em uma sociedade perversa que me enxergava como essencialmente carente de humanidade plena, necessitada, mas nunca capaz, como resultado de ser um corpo preto, de atingir o *status* completo de humanidade. Este é o ambiente em que cresci. São essas malignidades, seus fundamentos e seus efeitos em minha vida e na vida de outros seres humanos de corpos pretos que traço nesses ensaios. No primeiro ensaio, examino como a escrita se tornou para mim uma análise contínua das interconexões entre minha história pessoal e nacional. No segundo ensaio, descrevo como a trajetória da sociedade zimbabuana, do período colonial ao pós-colonial, impactou a posição das mulheres nos espaços públicos e privados e restringiu a habilidade das mulheres zimbabuanas para desenvolver, aproveitar e celebrar sua agência não só como mulheres, mas como humanas. No terceiro ensaio, discuto como a descolonização é, antes de mais nada, um evento discursivo que deve ocorrer no imaginário antes que a sociedade possa esperar se envolver no processo de descolonização de uma maneira que produza bens inclusivos para todas as criações da terra, humanas e outras, e para a própria terra.

Tenho estado em fuga do reino maligno do imaginário que construiu primeiro a Rodésia colonial, depois a República da

Rodésia e seu sucessor, o Zimbábue, militarizado e elitista, desde que passei a existir, onde quer que meu corpo estivesse situado. Desconheço o destino de minha migração simbólica e duvido que ele exista, dada a atual construção da sociedade global. Os ensaios a seguir são um local na geografia invisível do meu asilo.

ESCREVER COMO PRETA E MULHER

A primeira ferida para todos nós que somos classificados como "pretos" é o império. Esta é uma verdade que muitos de nós – incluídos nessa categoria ou não – preferimos evitar. Hoje, o império que fere é o das nações ocidentais: o império que cobria quase três quartos do globo em seu apogeu no século XIX. E inclui o império britânico que colonizou meu país, o Zimbábue, na década de 1890. Nasci no império: meus pais eram produtos do império, assim como seus pais antes deles, e seus pais antes disso, meus bisavós.

Um dos principais objetivos iniciais do império era o que ele chamava de "comércio". O comércio tem como premissa o desejo. Desejo sem amor se resume em luxúria, e os impérios, por serem impessoais, não podem amar. A luxúria – desejo impessoal que exige ser satisfeito – é perigosa em todos os níveis: o pessoal, o social, o global. A luxúria imperial feriu todas as partes do mundo tocadas pelo império, e hoje sabemos que feriu o próprio planeta que é nosso lar. Assim, o império mutilou não apenas aqueles que buscava subjugar, mas também a si mesmo. Essa é a segunda ferida que afeta a todos. Ainda precisamos aprender a curar os efeitos de uma instituição que se estende até um tempo antes de termos nascido, mas cujos sistemas ainda trabalham para desapoderar, desencorajar e desmembrar. Como essa cura pode ser conquistada é uma pergunta que poucos ousam fazer pois, diferentemente de não saber a resposta, é frequente a sensação de que ela não existe.

Toni Morrison descreveu alguns horrores vivenciados por parte da humanidade como indizíveis, mas hoje aqueles que foram subjugados pelo império estão falando. Esse ato de falar expõe os sistemas e estratégias do império cujo propósito, há muito tempo, é esconder os efeitos da raça no mundo. Embora pessoas pretas sejam líderes nessa área da academia e do ativismo, outros, incluindo homens brancos, embora possam esbravejar, são levados a discutir a racialização do mundo. Aqueles que, como eu, foram feridos pela arrogância da branquitude não mais dizem "Estou machucado" e se automedicam de maneira autodestrutiva, ou agem dentro de nossas comunidades de acordo com uma dor ruinosa, enraivecida e amarga, como essa arrogância exigia. Agora dizemos: "Você me machucou", palavras que apontam não para a abjeção e a morte que seguem a automutilação implacável, mas para a possibilidade de se afastar daquele que fere e, a partir daí, transformar-se em alguém que aquele que fere não consegue mais desmembrar.

"Veja bem!" nós que somos pretos ou marrons[v] somos frequentemente repreendidos, agora que o que era indizível está finalmente sendo dito; "Por que você está falando dos danos? Olhe aqui as estradas, os hospitais. Você sabe ler e escrever; você tem remédios. Como pode falar em danos?"

Mesmo antes de qualquer pessoa preta ou marrom ser assimilada aos sistemas acadêmicos do sistema educacional imperial, e antes que surgissem espaços no império onde essas perguntas pudessem ser feitas, tínhamos uma resposta. Dizíamos: "Nós os sentimos."

No filme biográfico "Doze anos de escravidão", dirigido por Steve McQueen e lançado em 2013, Patsey é uma mulher afrodescendente escravizada em uma plantação de propriedade de Edwin Epps. Ao chegar, ela está visivelmente em sofrimento por ter sido separada de seus filhos. A Sra. Epps ordena que deem

---

[v] marrom (*brown*): termo utilizado pela autora no original em língua inglesa referente a uma categoria reconhecida no Zimbábue.

algo para Patsey comer, para acelerar seu esquecimento. A dor de Patsey é uma declaração intensa que grita: "Eu sinto."[5] Para a Sra. Epps, a dor de Patsey é apenas mais um exemplo da disforia sem sentido entre criaturas domésticas que devem ser tratadas como cascas de cebola que caíram no chão ou poeira que se acumula debaixo da cama: precisa ser varrida. A declaração de afeto de Patsey é ignorada.

O império não suportava ouvir nossos gritos porque sabia que era a causa. Por um lado, nossas expressões de dor são a prova de nossa vida, proclamam que estamos sofrendo, mas ainda respirando. É por isso que existe um ditado no Zimbábue, *chikuru kufema* – "o importante é respirar". O que está morto não sente. Não estamos mortos enquanto protestamos. Por outro lado, nossas expressões de dor são uma ameaça direta aos sistemas do império ocidental que se baseiam na ilusão de dar para obter para si o melhor que cobiça do domínio de outras pessoas. Nossas expressões de dor dizem: "Isso não é um presente."

Curar é tecer, unir e reintegrar as partes que foram mutiladas e aleijadas. A tecelagem de palavras e, por meio desse processo, a recomposição do tempo, da ação e da reação em um novo todo, torna a escrita contra o império um local com potencial curativo. Algumas escritas deixam uma cicatriz, inchada, muitas vezes supurando, sobre o dano. A melhor escrita abre a lesão repetidamente e a limpa. Nela o trauma desaparece com cada conjunto de palavras, frases, parágrafos e páginas. A carne viva se transforma em algo que na luz certa parece uma pele que nunca foi dilacerada. O que está feito está feito. Essa transformação é a nossa melhor opção nesta era.

A devastação do império se estende mais no tempo e no espaço do que imaginamos. Histórias da escravização de povos africanos por comerciantes escravistas europeus são de conhecimento comum e doloroso hoje. Ouvimos falar das atrocidades praticadas contra os corpos pretos que desembarcavam nas costas orientais das Américas. A história do comércio transatlântico de pessoas escravizadas é a história do império, por isso é preservada e cada vez mais conhecida. O tráfico humano de corpos pretos era tão central para o império que seus funcionários mantinham registros meticulosos dos seres humanos traficados.

Por outro lado, sabe-se muito menos sobre a destruição que esse tráfico humano infligiu nos lares, comunidades e governos dos quais esses corpos pretos foram coagidos contra sua vontade à escravidão. Gerações mutiladas pela escravidão existem no lado leste do Oceano Atlântico e nas costas americanas. O continente africano perdeu grande parte de sua população devido ao comércio transatlântico de escravos. O número é estimado em 13 milhões de habitantes do continente. Imagine toda a população da Suécia sendo sequestrada. Ou da Grécia. Ou de Portugal. Então, adicione a Eslovênia ou a Letônia. As pessoas arrancadas de suas famílias para fins de trabalho não remunerado nas Américas estavam entre os indivíduos mais fortes e aptos em suas comunidades. Eram pessoas atléticas e saudáveis o suficiente para ter uma boa chance de sobreviver à perigosa jornada até os portos de escravos na costa africana. Depois disso, precisariam suportar a travessia oceânica em condições deploráveis, mantendo sua capacidade de trabalhar na chegada às Américas. Fuga de cérebros, a emigração de um número significativo de pessoas alfabetizadas e letradas de uma população para trabalhar na região noroeste do globo. Durante quatro séculos de comércio transatlântico de escravos, corpos foram drenados da África. Essa drenagem da população humana teve efeitos desastrosos nas comunidades agrárias do continente. O fato de que os menos hábeis e deixados para trás foram incapazes de compensar o déficit amplificou os efeitos da catástrofe.

Os sistemas do comércio de escravos agiram para destruir as estruturas locais de governo e coesão social. Os comerciantes escravistas operavam como senhores de guerra, como se fossem a lei. Isso interrompeu as instituições existentes para lei e ordem. Incentivos colocados em prática por traficantes de escravos, como a oportunidade de resgatar parentes vendidos, oferecendo duas pessoas em troca, pervertiam os valores locais de moralidade e ética.

Famílias dos dois lados do Atlântico sentiram a agonia da ruptura. Famílias e comunidades sofreram com a instabilidade que vem com a perda de membros de um grupo. As nações vivenciaram o trauma que acompanha o ataque a comunidades, famílias e indivíduos. Regiões precisaram lidar com a instabilidade resultante de ataques incessantes de forças hostis.

As feridas que o império causou na minha parte do mundo – a África Austral – são peculiares porque vieram fantasiadas de presentes. A pessoas melanizadas – como nós, pretos, cada vez mais nos chamamos – foi oferecida a modéstia por meio das roupas, o conhecimento por meio da educação, a salvação por meio da religião. Além disso, o entendimento de crime e punição por meio de sistemas legais, e a fala por meio da linguagem do colonizador. Cada um desses presentes nos tirou alguma coisa: valores locais de modéstia e propriedade, sistemas de conhecimento tradicionais, sistemas metafísicos e legais e linguagem. Os presentes do império do noroeste global para a África foram alguns dos mais violentos que o mundo já viu.

Esses "presentes" violentos são típicos de impérios, não apenas da versão ocidental. A história da Irlanda nos conta como tais presentes imperiais também foram concedidos aos brancos, no quadrante noroeste do globo, por pessoas cuja epiderme continha tão pouca melanina, de modo que a cor da pele do colonizador era essencialmente da mesma tonalidade que a dos povos colonizados. O império é sobre poder, apropriação, expropriação e, muitas vezes, extermínio, independentemente da fisiologia. A concentração de melanina na pele dos pretos foi e é conveniente. Ela justificou nossa contínua subjugação mesmo quando o discurso dos direitos humanos germinava nos salões da potência global nos Estados Unidos da América, no final da década de 1940, de onde foi exportado para o resto do mundo, assim como a violência colonial havia sido exportada séculos antes. O efeito da colonização e do discurso dos direitos humanos é semelhante. Ambos tornam os pretos receptores de um discurso imperial que nos categoriza como carentes e, portanto, passíveis de punição e menosprezo. Estamos sendo punidos, essencialmente, por existir e ter terras e recursos que pessoas com menos melanina gostariam de ter, mas não nos calamos. Em sua execução, a punição é disfarçada de salvação.

Ao longo dos séculos, os europeus gradualmente sujeitaram a África a outros usos, em vez de considerar o continente apenas como fonte de trabalho humano não remunerado. A terra de onde corpos pretos foram roubados não foi, a princípio, considerada importante pelo império. O valor das terras africanas reside no fato de ser uma fonte de força de trabalho preta para as indústrias agrícolas do império do ocidente, posta em ação por meio do comércio escravista. A ideia de que a própria terra era valiosa desenvolveu-se lentamente.

No sul da África, os holandeses iniciaram um assentamento que se tornaria a Cidade do Cabo, um posto de descanso na rota comercial entre a Holanda e sua colônia na Indonésia, já em 1652, no início da era do comércio europeu de escravos africanos. Embora os holandeses e outros europeus tenham começado a invadir os terrenos ocupados pelos povos Khoi-San e Bantu imediatamente, as guerras de fronteira por meio das quais os europeus arrancaram as terras das nações originárias só começaram mais de um século depois, em 1779. Os europeus levaram mais um século para subjugar o povo das terras costeiras da África Austral, tão feroz foi sua resistência.

Pouco mais de cem anos se passaram antes que o exército de quinhentos homens da *British South Africa Company*, liderada por Cecil Rhodes, portando metralhadoras e outras armas, levantasse a bandeira britânica no local onde hoje é Harare, para anexar a terra ao Império Britânico. O domínio colonial foi exercido por meio de um patriarcado brutal baseado na propriedade privada e na exclusão racial. Mais uma vez, o valor dos homens pretos foi medido por seu potencial de trabalho nessa nova repartição colonial. Então, nos tempos que se seguiram à abolição da escravatura, este trabalho era coagido e a remuneração sempre injusta, medida pelos colonizadores a seu favor. Os colonizadores viam as mulheres e crianças como apêndices inúteis dos homens e as agrupavam como menores perante a lei.

Estas são as feridas que se abrem enquanto escrevo. A força que impulsiona minha narrativa para atravessar o dano não é nada além da esperança de não ser consumida, de não ser apodrecida pelo trauma. Escrevo para erguer montanhas, colinas, escarpas e afloramentos rochosos sobre os sulcos de minha história, minhas sociedades e seus espíritos. As lágrimas do processo regam arbustos e árvores para que suas raízes possam fazer o trabalho de manter unido o que foi violentamente separado. Por meio da escrita, cultivo meu ser para gerar florestas que reabasteçam nossa humanidade esgotada.

***

O império é como uma guilhotina. O império exigiu que meus pais deixassem sua casa na Rodésia do Sul para viajar para Londres com bolsas de estudo para terem uma educação profissional. Essa educação permitiria que retornassem à Rodésia do Sul e fossem ainda mais úteis ao império do que teriam sido sem essa inculturação imperial. A maneira pela qual eles seriam úteis ao império era educando outros corpos pretos sobre suas regras, entregando-lhe assim uma nova geração de corpos úteis.

Eu não tinha ideia de que era só um corpo preto trazido ao mundo apenas para ser, aos olhos gananciosos do império, útil a ele. Demorou um pouco até que eu pudesse olhar para trás e ver que fui um bebê, assim como um boi de tração foi um bezerro, para ser domado no devido tempo para arar sulcos predeterminados.

Quando meus pais fizeram a viagem para a Inglaterra, levando a mim e meu irmão com eles, pensei que era parte da vida normal, de modo que a vida normal era tão maravilhosa quanto todas as surpresas que nos divertiam no início da viagem. Minhas memórias começam nos primeiros dias na Inglaterra. O tempo antes disso não tem forma, é borrado. Mas existe luz. Não sei dizer se essa luz é real, a fenda de sol subtropical na areia clara da Missão Mutoko, onde minha família morava, ou se é a luz da alegria; ou se são ambos, misturados em um só brilho de felicidade; ou se eu a conjurei porque preciso dela, uma fonte segura. De qualquer forma, eu não tinha nem três anos na época da luz.

Na Inglaterra, houve uma viagem de trem que me levou a um lugar onde a luz não alcançava. Não me lembro daquela viagem da estação Charing Cross, em Londres, até Dover, na costa sudeste. A memória começa cinzenta, com um quarto, cujo nome, vim a saber, era sala de visitas, e não são boas memórias, não por culpa de seus donos. O império acontecia por meio deles, também.

Havia algumas pessoas muito grandes com minha mãe e meu pai no dia em que entrei pela primeira vez na sala de visitas. Não me lembro de detalhes, mas sei que essas pessoas eram pálidas. Na época, a cor de sua pele era simplesmente um fato, como eu usava um vestido rosa num dia, e verde em outro, sem nenhuma conotação, e elas podiam mudar a cor de suas roupas também. Meus pais escuros e os donos pálidos da sala eram simplesmente parte de um padrão chamado adultos. Aconteceu uma conversa em voz baixa no primeiro cômodo em que entramos. Depois dessa conversa em voz baixa, em que me pareceu que olharam para meu irmão e para mim com curiosidade bondosa e admiração, fomos conduzidos juntos à sala.

Foi aquele lugar que me ensinou até hoje a desconfiar da felicidade, um hábito que luto permanentemente para superar. Meu coração deu um pulo tão alto que o mundo pareceu parar quando entrei na sala de visitas. Era o cômodo da frente, iluminado, quase tanto, mas não tão brilhante quanto a minha primeira luz, por uma janela que se abria para a estrada. Eu nunca tinha visto nada parecido antes. Tive certeza de que havia entrado em um paraíso só meu: a sala estava cheia de brinquedos pintados em cores deslumbrantes. A maioria dos brinquedos era novidade para mim: legos, uma pista de corrida de carros, um cavalo de balanço. Brinquei com um entusiasmo que advinha da ausência desses brinquedos nos dois anos e meio que tinha vivido até aquele momento. Meu irmão e eu brincaríamos com a mesma intensidade quando voltássemos ao Zimbábue, mas de forma diferente. No Zimbábue, quando as crises nos atingiram, nossa brincadeira tornou-se silenciosa e sombria, sem prazer nem gratidão, andando nas bicicletas que meus pais agora podiam comprar para nós.

Depois de um tempo, no dia da sala de visitas, uma das pessoas pálidas veio nos buscar. Eu estava ansiosa para contar à minha mãe e ao meu pai sobre todos os brinquedos maravilhosos que tinha visto. Olhando em volta, quando voltei para o outro cômodo, meus pais não estavam mais lá. Meu irmão e eu fomos informados de que nossos pais haviam ido embora e que agora viveríamos ali sob os cuidados das pessoas pálidas. Não me lembro das palavras que foram usadas, se meu irmão ou eu, ou ambos, choramos ou não, ou se choramos por quanto tempo e como fomos consolados. O que me lembro é o que eu senti, e foi o seguinte. Eu era completa quando saí da sala. Uma guilhotina me cortou quando voltei para a sala de estar e seccionou muitas partes de mim, que deveriam ter crescido cada vez mais inteiras, mas naquele momento se desfizeram. Também não me lembro muito dos dias e meses depois disso, o que é uma reação normal a ter sido guilhotinada.

Depois disso, a hora de dormir era sempre o pior momento. A escuridão descia e alguma coisa dentro de mim se estendia para o infinito sem luz. Eu arrastava o que encontrava lá para mim. Acreditava que a plenitude que havia deixado quando meus pais o fizeram estava escondida naquele lugar incompreensível. Eu queria recuperar aquela completude, me assegurar de que não havia perdido nada, que tudo ainda estava lá, que era só eu me esticar até o vazio sem fim, mesmo com todo horror, para recuperar o que havia perdido. Esse esticar, encontrar e recuperar, enquanto estava entorpecida demais de terror para sequer tremer, foi o início de minha vida de escritora.

Descobri na aniquilação uma facilidade terrível, mas gratificante. Me alimentavam. Eu comia sem sentir o gosto. Era carregada escada acima e colocada na cama. Eu tinha medo daquelas coisas e, no entanto, estendia a mão. Elas começaram a retribuir, voltando-se para mim, e não eram o que eu esperava: meus pais, ou pelo menos, a segurança que meus pais representavam. Eu devo ter chorado. Sei que não dormi pois logo alguém se sentava ao lado da cama e segurava minha mão por horas, todas as noites, até que meus olhos se juntassem com tranquilidade suficiente para ficarem fechados por algumas horas. Foi quando comecei a ser vista como uma criança "difícil". Do meu ponto de vista, a dificuldade havia sido imposta a mim, de modo que eu estava em constante estado de medo e tensão, que eu só amplificava tentando encará-la para que não me sufocasse. O fato de eu estar em permanente estado de contestação deixava as pessoas ansiosas. Adentrei cedo a dinâmica conflituosa da escrita.

Tudo isso continuou no estágio predominantemente pré-verbal de uma criança pequena. Eu nunca disse, nem para mim mesma: "Tenho medo." Eu nem sabia que tinha, apenas vivenciava o fluxo de energias. Era escrita não no sentido de qualquer verbalização preparatória para a inscrição, mas no sentido de uma luta interior para encontrar o que chega no sentido, ou pelo menos na coerência, ao mesmo tempo em que conseguia fazer todas as coisas que se esperava de uma menina em Kent. Fazia essas coisas com menos, em vez de mais, sucesso. Tempos depois, soube que havia sido adotada. Contratos foram assinados por meus pais e minha família adotiva, mas isso não fazia sentido e, portanto, não importava.

Observando os adultos ao meu redor, desenvolvi um senso intuitivo de que palavras eram poder. Depois que os adultos falavam entre si, tudo acontecia: crianças ficavam. Meu irmão conversava com meu irmão adotivo e fazia coisas. As coisas que faziam juntos causavam risadas e pareciam divertidas. Percebi que não tinha poder, o que significava que precisava de poder, o que, por sua vez, significava que precisava de palavras. Com palavras eu poderia fazer coisas. Poderia tornar boas as circunstâncias que já não o eram. Então, talvez, eu pudesse vincular as coisas que eram importantes para mim às palavras e não perdê-las. Poderia vencer as coisas sem nome que afiavam a guilhotina e me atacavam quando eu estava na cama. Aprendi que escrever começa muito antes do que me ensinaram a acreditar depois: que escrever nada mais é do que contar, começando com aquilo que você conta para si mesma; que a palavra é um método de moldar a experiência.

Acho que minha mãe adotiva compreendia parte do terror pelo qual passei. Ela havia se tornado a Vovó Mamãe. Ela mesma viveu o medo durante a Segunda Guerra Mundial. Seu marido, Vovô, estava em uma cadeira de rodas por causa disso. Ela nos ensinava hinos cristãos e falava conosco sobre Jesus, embora eu não conseguisse me identificar com o bebê gordinho e branco que nem mesmo falava por si, mas era comentado por outros. Minha mãe adotiva disse que existiam coisas chamadas anjos. Isso também não fazia sentido para mim, porque nunca os vi ou ouvi na escuridão que engolia minha existência todas as noites.

Nessa época, eu não sabia que era preta. Nem sabia que era mulher. Apenas tinha a certeza de que "era" antes de ser colocada entre aqueles brinquedos. Então, depois de um tempo de brincadeiras emocionantes, aprendi que não podia confiar na ideia de que eu existia exatamente como todo o resto. Ainda mais confuso, esse aprendizado foi seguido por uma insistência por parte de outros, que não tinham autoridade para insistir, que até pronunciavam meu nome errado (Tootsie, porque o primeiro "Tsi" era impossível para falantes de Inglês), de que eu ainda existia. Emoções positivas me deixam desconfiada até hoje. Minhas descobertas de quem eu sou ou quem eu poderia ser são repletas de tensão. A pergunta que me persegue é: "Se eu descobrir que sou essa coisa que desejo, isso também será tirado de mim?". Em outras palavras: perderei toda minha certeza de ser novamente?

No lar adotivo em Dover, eu passava muito tempo sozinha, pois meu irmão começou a estudar antes de mim. Durante a maior parte desses períodos, ficava sentada em frente à televisão. Ali aprendi a identificar imagens assustadoras como os Daleks junto aos *ghouls* no vazio do meu quarto. Imagens inspiradoras, como Millie Small cantando "My Boy Lollipop" e bailarinas flutuando como se não pesassem nada pelos palcos em tutus brancos, sinalizavam aquela luz pré-abandono. Sentia meu corpo de fora como uma coisa, não como parte de mim. A maneira como aprendi que não devo tocar no copo de cerveja do Papai Henry[6], meu pai adotivo, mas podia tocar em outros copos e cerâmicas, é a mesma maneira como aprendi que não devo tocar em certas partes minhas. Outras partes desse corpo que se dizia meu, que nunca vivenciei como tal, não estavam fora do alcance dos meus dedos, mas me incomodavam com sua presença. Eu as arranhava, assim como afundava os olhos das minhas bonecas. Sempre ficava mais triste depois de mutilar minhas bonecas do que de desfigurar meu próprio corpo, e me sentia mal toda vez que olhava para cavidades escuras no plástico rosa pálido. Não aprendi a me preocupar com meu próprio corpo porque não havia ninguém que soubesse o suficiente sobre como era o corpo de uma menininha preta para perceber o que eu havia feito comigo. Fiquei cara a cara com essa menininha duas décadas depois, quando li *O olho mais azul*, de Toni Morrison. A essa altura, o fato de que menininhas pretas afundavam os olhos azuis de suas bonecas brancas era algo que eu já havia virado as costas. Agora estava ali, escrito, e ninguém deu o veredito "assassinato", então finalmente me livrei do fardo secreto do crime de matar minhas bonecas brancas enfiando seus olhos até o cérebro.

Não me lembro do meu primeiro dia de escola em Dover. Isso me faz pensar que não foi particularmente alegre ou traumático. Por outro lado, eu havia me dissociado de qualquer emoção. Algo que deveria ser vital dentro de mim estava morto. Em todo caso, não havia percebido nada de alarmante na experiência de meu irmão com a escola, e então fui para a aula como qualquer outra boa menina de Kent. De fato, a história do meu irmão tinha sido boa. Ele logo se apaixonou por sua professora, e ela, acredito, o achou um fofinho. Havia piadinhas e sorrisos e felicidade geralizada em minha família com o *amour fou* de meu irmão, de modo que a escola e o amor que aconteceu lá pareciam benignos. Acontece que minha professora me odiou quase imediatamente. Não fiz amizades, exceto com um menino gentil, a quem chamarei de Matthew. Matthew costumava perguntar por que minha pele não era da mesma cor que a dele e do resto da turma. Eu nunca tinha me perguntado sobre isso em meu lar adotivo. Então, passei a olhar atravessado para meus braços e pernas.

Um dia, Matthew me disse com toda a sinceridade e carinho: "Talvez, se eu segurar sua mão, sua pele também fique branca." Deixei que ele segurasse minha mão e apreciei o toque de outro pequeno ser humano, mas isso não abafou essa nova angústia causada por saber que algumas pessoas achavam que eu deveria ser branca. Empurrei isso para o fundo da minha mente e aproveitei meu primeiro amor. Ele me convidou para sua festa de aniversário. Fiquei tão empolgada que desenvolvi uma infecção, que, no fim, era caxumba, e não pude ir. O relacionamento acabou e, sem amor na escola, descia até um barracão na hora do recreio para me cortar com cacos de vidro colorido. Eu tinha a cor da pele em que os brancos não reconheciam lesões. Desenvolvi um relacionamento com as palavras, em vez de outros. Quase não havia livros em meu lar adotivo. Eles eram pessoas da classe trabalhadora que labutavam por longas horas. A professora nunca me fazia nenhum elogio, mas quando eu tinha quatro anos, Vovó Mamãe apareceu com o jornal quando tinha convidados para o chá para mostrar a eles como eu sabia ler bem.

***

Minha compreensão de categorias demográficas começou a florescer nessa época. Fui às compras com Vovó um dia, quando um homem sorriu para mim e disse: "Olá, linda *piccaninny*!". Enfim, acho que ele sorriu e que disse "linda", porque fiquei nas nuvens com o cumprimento. Eu não sabia mais o que era desde que meu primeiro *eu* fora descartado. Mas agora tinha uma palavra para o que era: "*piccaninny*". Era firme e específico, o que era reconfortante, ou pelo menos definidor: uma categoria a que eu poderia me agarrar contra o vazio de não mais ser. Compreendi instintivamente que a palavra se referia a mim, não a ele mesmo nem à minha mãe adotiva, assim como uma criança entende que a palavra "criança" não se aplica a seus pais ou professores. Assim era uma palavra que além da certeza, também continha todas as criaturas do vazio noturno e seus terrores. Como minha família adotiva estivera envolvida em desfazer o que eu havia sido com sua magia cheia de brinquedos, percebi que não deveria contar a nenhum deles sobre a empolgação que senti com meu novo conhecimento. Esperei até uma das visitas intermitentes que meu irmão e eu fizemos aos nossos pais em Londres.

"Mamãe", eu disse, com um tipo de triunfo. "Mamãe, eu sou uma *piccaninny*!"

"Não é, não", ela respondeu em uma voz que me dizia que mesmo que eu não estivesse prestes a ser separada dela e lançada de volta à inexistência, o mundo estava a ponto de desmoronar. "*Piccaninny* não é uma palavra legal", continuou. "É uma palavra que as pessoas usam para zombar de crianças pretas."

Outra identidade espremeu meu corpo como uma jiboia. As palavras de minha mãe só conseguiram me deixar ainda mais intrigada. Examinei meu braço para chegar ao sentido daquilo, mas acabei mais confusa. Preto era a cor dos horrores da noite, mas meu braço não parecia dessa cor para mim. Ainda assim, devo ter raciocinado alguma conexão, como fazem as crianças, entre mim e a noite macabra e escura. Era por isso que o homem não podia simplesmente sorrir e me chamar de garotinha linda. Lentamente, percebi que isso estava ligado à cor da escuridão malévola que me aterrorizava na hora de dormir.

Na prática, eu não tinha ideia de que preto significava ter minha cor de pele. Quando era absolutamente necessário, minha família adotiva usava a expressão "de cor". Eles criavam muitas crianças do continente. A própria Vovó sempre se referia a seus pupilos por nacionalidade, não por qualquer indicador de raça.

O ser preta é uma condição imposta a mim, em vez de uma identidade vivenciada. Até hoje, não me identifico com a palavra "preta" com relação à cor, mas com relação às experiências que vivi em decorrência dessa categoria imposta.

***

Os livros entraram em minha vida quando minha família voltou para o Zimbábue, então chamado Rodésia. Quando pousamos no aeroporto de Salisbury, o nome de Harare na época, no final de 1965, tudo pareceu errado. Os prédios eram muito grandes e por isso não havia gente suficiente para enchê-los. Do lado de fora havia, a meu ver, um excesso de espaço entre os prédios. O estacionamento parecia grande como um planeta. Todo o resto também era excessivo: o céu muito quente, claro e azul; e infinito demais, muito parecido com a noite. O asfalto reluzia de forma exagerada. O ar parecia quente demais para ser respirado e tremeluzia com *fata morgana* quando eu olhava para ele. Engoli minha apreensão. Então, voltei minha atenção para uma mulher que se destacava do grupo de parentes que tinha vindo nos receber. Ela estava correndo de um lado para o outro no calor, abraçando meu pai, minha mãe, meu irmão e a mim incessantemente. Esta foi a primeira vez que não me senti ansiosa ao conhecer uma pessoa desconhecida. Senti o amor fluir dela em ondas emocionadas e raciocinei que, se estava nos abraçando assim, poderia ser gentil e não estava prestes a nos separar. Logo descobri que ela era minha *mbuya* – minha avó.

Nesse estranho mundo novo em que entrava, que diziam ser nosso lar – quando eu sabia que havia sido entregue a um lar em Dover –, Mbuya se tornou minha aliada em pouco tempo. Ela me observava constantemente, gentil. Numa família sempre tensa e expectante, ela ria dos meus erros bobos e remodelava os mais graves, processo pelo qual me apresentou à infância. A alegria que irradiava dela era de cura, e assim derrubou o império dentro de mim.

O império externo colocou meus pais em uma missão nos Planaltos Orientais, perto da atual cidade de Mutare. Lá, fiquei completamente confusa sobre a categoria de "preto" que supostamente indicaria minha pele. A missão era bastante crítica, como costumam ser as instituições cristãs, especialmente na África conservadora. Categorias apareciam de todos os lados, além e acima do antigo "preto". Além de categorias como os que bebiam e os que não bebiam, os que fumavam e os que não fumavam, havia categorias de pessoas que sabiam ou não falar ChiVanhu.

A própria palavra ChiVanhu aumentava minha confusão. Literalmente, "a língua do povo", em oposição a, por exemplo, Chirungu, "a língua dos brancos". Três décadas e meia antes, o governo dos colonos imperiais havia decretado que o nome das pessoas na área era Shona, e sua língua ChiShona, mas muitos ainda se referiam à sua língua como ChiVanhu e a si mesmos como *vanhu* – povo. Nas conversas, isso levava a perguntas chocantes, como: "Ele era uma pessoa ou um europeu?". Isso, por sua vez, levantou a questão premente de saber se esses falantes consideravam ou não Varungu – "brancos/europeus" – como pessoas. O assunto era desesperadamente relevante para mim, porque devido à língua que eu e meu irmão falávamos – e, acredito agora, por causa de outros atributos como nossa linguagem corporal e aparência –, muitas das outras crianças colocavam meu irmão e eu na categoria Varungu. Como resultado, elas não sabiam como lidar conosco e duvidavam que pudéssemos brincar como todas as outras crianças. Ainda mais confuso era o fato de que alguns filhos de missionários americanos, que falavam ChiVanhu fluentemente, também eram Varungu, evidenciado pelo fato de que eles não frequentavam a escola da missão, mas percorriam cerca de vinte e quatro quilômetros até a cidade todos os dias da semana para ir à escola para crianças brancas do *apartheid* do governo da Rodésia. Por outro lado, alguns dos filhos dos missionários frequentavam a escola da missão. A dança das minhas identidades, do próprio conceito de identidade, tornou-se frenética. "Você é africana como todo mundo", meu pai me disse. Depois de um tempo, conforme minha habilidade com o idioma melhorava e minha linguagem corporal mudava, passei a acreditar nele. Mas, secretamente, estava desapontada com o mundo. Era óbvio que suas categorias não eram válidas.

Meu pai trazia para casa livros de suas viagens a negócios da escola para Salisbury: *Swiss Chalet* e *Nancy Drew* para mim, *Hardy Boys* para meu irmão, as coleções *Os sete* e *Os cinco* para nós dois. Eu lia esses livros sozinha e nunca os discutia com ninguém. Percebi que as histórias ordenam uma vida desordenada. Só descobri que meu pai adorava histórias quando comprou um exemplar de *O vento nos salgueiros* e o leu em voz alta na sala de estar. Ele disse que estava lendo para minha avó, que não entendia uma palavra de Inglês, e eu estava fascinada demais com a história e com a leitura de meu pai com sua voz maravilhosa para perceber o subterfúgio. A fronteira entre o que acontecia na minha leitura privada e o que acontecia no espaço mais público da família tornou-se mais tênue e porosa. Eu cedi à atração da narrativa. Além de ler o máximo de horas possível por dia, comecei a inventar peças de teatro para os dias de abertura da escola e a organizar apresentações de Natal com meus primos. Encorajava meus irmãos mais novos a sentar e contar histórias ou ouvir as minhas sempre que podia. A contação de histórias substituía um mundo incompreensível. Me apresentava mundos com os quais eu conseguia lidar.

Nas aulas de redação do ensino médio, nossa professora de Inglês nos aconselhou a escrever sobre o que sabíamos para dar vida a essas experiências. Análises avançadas de *Romeu e Julieta* e *Morro dos Ventos Uivantes* em nossa aula de literatura inglesa:

tema, enredo, personagem, conflito, clímax, resolução e estilo continuaram minha educação em escrita criativa. Ideias de ritmo e métrica de nosso livro de poesia avançada, *Adventures in Modern Verse*, a completaram, até que fui para a escola de cinema duas décadas depois. Essa educação literária limitada foi muito boa para mim em certo sentido, porque eu achava que havia poucas regras. Fiquei extremamente chocada quando um professor nos Estados Unidos me disse que eu não tinha permissão para fazer o que havia feito em *Condições nervosas*. E sim, ele era um homem branco.

Ao mesmo tempo em que aprendia regras de escrita reconfortantes e organizadas, comecei a menstruar. Houve indícios anteriores de que algo ameaçador inevitavelmente aconteceria: não se sente desse jeito; não seja tão escandalosa; não responda assim; vá cozinhar – todas essas advertências eram dirigidas a mim e não ao meu irmão. Eu não me importava tanto com as partes ativas dessas expectativas quanto com o aspecto de separação que elas traziam. Esses aspectos significavam que eu estava encaixotada em uma categoria própria em que havia certas expectativas, enquanto meu irmão não estava incluído nessas limitações. Mais uma vez me encontrava em um grupo duvidoso. Essa categoria também trazia a ameaça do preconceito, enquanto benefícios como dirigir um dos carros da família ficavam reservados ao escalão do meu irmão. Decidi não me associar à categoria da feminilidade, de modo que lidei muito mal com suas consequências ativas – lavar a louça, varrer o chão. Felizmente, eu não associava boa aparência com feminilidade, porque meus pais se vestiam bem e, quando meu irmão pediu um par de botas prateadas Gary Glitter, foi atendido.

Na escola, descobri que escrever pode salvar, mas também é perigoso. Uma das maneiras com base em palavras que eu usava para lidar com minha incompetência em viver a vida era escrever um diário. Eu tinha lido nas revistas britânicas para mulheres que minha mãe trazia de suas compras semanais na cidade, que manter um diário era útil para adolescentes. Eu precisava de ajuda. Nossa mãe adotiva veio nos visitar. Eu disse a ela como estava infeliz. Ela contou para minha mãe. O silêncio em torno do assunto foi tão seco que se desfazia em pó. Então, passei a escrever em um diário. Levava-o para a escola comigo. As outras meninas com quem eu dividia o dormitório queriam saber o que eu escrevia ali e não respeitaram minha explicação quando eu disse que não podia dizer, porque um diário era secreto. Elas o procuraram e o encontraram em seu esconderijo sob meu colchão, o leram e não me deixaram esquecer seu conteúdo por meses. Descobri que escrever pode acabar traindo você. Continuei lendo e escrevendo porque era tudo que eu tinha. Havia energias demais se revirando em muitas partes de mim – garganta, coração, plexo solar, estômago; apertos e formigamento na mente e nos membros e, às vezes, nos genitais – para eu não escrever. Eu precisava fixá-las no papel para que não desaparecessem no vazio de onde poderiam me atacar como aparições enlouquecidas e violentas, como faziam quando eu era nova e recém-guilhotinada. Aprendi a esperar até que toda a energia se transformasse em palavras. Encontrar a palavra correspondente a reviravoltas específicas foi e é o único triunfo e paz que já conheci, e cada frase significativa é um milagre. O incompreensível se esconde além da percepção em meu vazio. Escrevo devagar porque preciso parar e ficar quieta pelo tempo necessário.

Para além da poesia e dos fragmentos, comecei a escrever a sério na *University of Zimbabwe* (UZ). Eu me matriculei lá no início dos anos 1980, logo após a independência do Zimbábue. Depois, passei alguns anos na *Sidney Sussex College*, em Cambridge, onde eu era a única mulher preta no meu curso – algo que eu não esperava, dada a história do império na Inglaterra.

Meu primeiro texto na UZ foi uma peça chamada *The Lost of the Soil*, uma história sobre um talentoso zimbabuano, John, em

Londres, na véspera da independência. Na peça, o movimento de independência ganhou força e a comunidade do Zimbábue onde John vivia em Londres queria que ele assumisse um papel de liderança. John construiu uma vida confortável com sua esposa inglesa branca. Apesar de fechar os olhos para o envolvimento de sua esposa em ações solidárias, John se recusa a fazer qualquer coisa pela causa da independência. Não havia uma personagem feminina preta importante nesta peça, o que refletia observações que fiz enquanto estudava na Inglaterra. Eu havia visitado Londres durante as férias, onde minha companhia eram os amigos zimbabuanos do meu irmão. Quase não havia mulheres do Zimbábue no grupo. As mulheres pretas eram geralmente jovens das Índias Ocidentais que tinham subempregos. Os homens ao meu redor definhavam em um miasma de álcool, maconha e outras drogas. Os zimbabuanos na Inglaterra que estavam preocupados com o movimento de independência pareciam muito distantes dos meus companheiros. Percebi um terrível desperdício e destruição de potencial que foi profundamente perturbador. Mal sabia eu, na época, que esses jovens haviam sido moldados pelo império para se consumir desse jeito, por meio do autoentorpecimento. Quando penso nisso agora, faz todo o sentido. Destruição está nas entrelinhas do império. Manifestava-se em um sistema que obrigava pessoas destinadas a ser *o* núcleo de uma pequena elite profissional da classe média a enviar seus filhos para serem criados nas casas da classe trabalhadora. Não pude evitar me tornar uma súdita imperial colonial. Portanto, tornei-me um produto de um patriarcado imperial aparentemente benigno que educou mulheres pretas, mas as modelou como desejava, "pouco mais do que as cuidadoras de súditos imperiais masculinos". Já que minha própria personalidade nasceu morta, não fui capaz de projetá-la no papel. Não havia nenhuma personagem como eu em *The Lost of the Soil*.

A retórica socialista do partido governante ZANU-PF[VI] incluía, naquele momento de quase independência, a libertação das mulheres. Enquanto os parâmetros legais da emancipação das mulheres eram elaborados no parlamento, no resto do país houve um momento do que parecia ser uma verdadeira solidariedade de classe. Intelectuais, a maioria deles brancos, pois, para além do governo, eram eles que tinham dinheiro, organizavam reuniões que traziam ônibus lotados de mulheres das áreas rurais para a capital Harare, para encontros cuja pauta era – ou pelo menos eu acreditava ser – a emancipação de todas as mulheres. Não falávamos sobre raça em grupos feministas no início dos anos 1980. Questões relacionadas à negritude – o quanto faltava em mim em alguns aspectos, e o quanto a tinha em outros – que eram legados de minha estada na Inglaterra quando criança, retrocederam. Foi uma pausa bem-vinda. Em meio a reuniões de planejamento, leituras e discussões, aprendi a metodologia feminista de estruturas horizontais, apoio mútuo, cuidado e localização do pessoal no político. A teoria feminista me mostrou como fui construída como uma pessoa do sexo feminino cujo conteúdo e possibilidades eram predeterminados, e como minha recusa em ocupar esse espaço era uma forma de revolta, embora sem poder algum, que simplesmente confirmava a falta que a sociedade inscrevia em mim. Foi nessa época que comecei a sentir uma verdadeira fome de representações que afirmassem quem eu era, ou melhor, quem eu sentia que era, em vez de quem eu havia sido treinada para ser.

Meu novo entendimento do conceito patriarcal de "falta" como uma projeção no corpo feminino, incluindo o meu, mudou meu foco de tentar entender os homens para uma preocupação

---

[VI] ZANU-PF: *Zimbabwe African National Union - Patriotic Front*: organização política que se torna partido após a independência do Zimbábue. Em 1987, junta-se à *Zimbabwe African Peoples's Union* (ZAPU), mas o nome ZANU–PF se mantém.

com a emancipação e a experiência das mulheres. O *slogan* feminista "o pessoal é político" deixava claro para mim que, assim como o desapoderamento ocorre em comunidade, a recuperação desse poder despojado deve conter elementos comunitários que funcionem em conjunto com o pessoal. Encontrei o fogo da minha escrita na interseccionalidade, décadas antes de ouvir o termo. Efetivamente, isso significava me envolver, em minha prática literária, com o lugar da mulher em minha sociedade e os tipos de feminilidade que eu conhecia, que culminaram em Tambudzai, a personagem principal de *Condições nervosas*[VII], e as mulheres ao seu redor. Isso foi na década de 1980, quando, do outro lado do oceano, a professora Kimberlé Crenshaw[7], mulher descendente dos sequestrados, inventou o termo. Em termos de estilo, queria ser direta e falar com outras mulheres de uma forma acessível à maior parte delas.

Inspiração para o assunto era facilmente encontrada na universidade. As jovens iam à aula muito arrumadas para atrair a atenção masculina. As mulheres eram conquistadas, traídas e abandonadas como se esse fosse o rito de passagem dos alunos do sexo masculino. Além disso, muitas engravidavam. As moças na faixa dos 20 anos optavam por não ir às clínicas para conseguir pílulas anticoncepcionais por vergonha de serem conhecidas por fazerem sexo, e medo de serem vistas por alguém que poderia denunciá-las a um parente. As gestações aconteciam e eram muito mais destrutivas para as jovens envolvidas do que para os homens com quem tinham dormido. *She No Longer Weeps*, minha segunda peça, foi inspirada por um desses casos. Neste drama, uma mulher chamada Martha tem um filho enquanto é uma jovem estudante de direito. Ela conclui seu curso após o parto e se torna uma advogada de sucesso que mima seu filho com bens materiais.

[VII] *Condições nervosas*. Kapulana, 2019. [*Nervous conditions*, 1988, original].

Vendo o sucesso de Martha, o pai da criança, Freddy, reaparece na vida da mulher. Martha contrata uma gangue de bandidos para lhe dar uma lição e depois se entrega à polícia.

O teatro na universidade era ministrado por um exilado sul-africano branco, já que a África do Sul não tinha, na época, um governo de maioria. Um homem preto do Zimbábue trabalhava com ele. Esse arranjo funcionou por um tempo. Então o acadêmico preto saiu, resultando em uma sutil mudança de poder na área teatral no campus, que achei perturbadora. Deixei uma terceira peça de lado antes de ser encenada e dediquei meu tempo durante muitos anos a um manuscrito que se recusou obstinadamente a se resolver em uma história possível por muito tempo. Este trabalho se tornaria meu primeiro romance, *Condições nervosas*.

Porém, se o feminismo me deu teoria pela qual viver e comunidade com quem vivê-la nos esperançosos dias pós-independência, quando pareceu por um tempo que cada nascer do sol era mais brilhante do que o do dia anterior, também me deu uma nova luta. As mulheres brancas foram embora, o dinheiro acabou, o partido no poder cooptou o movimento de mulheres em sua liga feminina. Um desdobramento disso ainda continua, com apenas as organizações sancionadas pelo estado recebendo apoio, seja local ou internacional. Feminismo foi tachado de palavrão, deixando muitas, como eu, que floresceram por meio da prática feminista, encalhadas. Enquanto o feminismo ampliou minha voz, ele me colocou contra a massa.

Nessa realidade, foi difícil publicar meu trabalho como uma jovem escritora desconhecida no Zimbábue. Das minhas três peças, apenas *She No Longer Weeps*, com sua personagem preta raivosa, que corrobora os estereótipos masculinos sobre mulheres (pretas), foi publicada. *The Lost of the Soil*, que não pintava um quadro muito lisonjeiro da masculinidade do Zimbábue, e o nunca revelado *The Third One*, que falava da poligamia informal, foram ambos rejeitados, embora *The Lost of the Soil*, como *She No Longer Weeps*, tivesse sido encenado para um público entusiasmado na universidade. Durante uma recepção após a peça, recebi uma oferta de publicação para *The Lost of the Soil*, de um velho e amável professor branco, que não aceitei por medo de ficar presa no vazio como um brinquedo abjeto. Essa oferta me garantiu que a rejeição posterior da peça não se devia à sua qualidade. Os editores eram, em sua maioria, jovens pretos do Zimbábue que haviam deixado o país durante a luta pela independência, quando sua segurança estava em risco e as oportunidades eram poucas. Agora, nos primeiros anos pós-independência, eles concluíram sua educação no exterior e retornaram ao país onde os empregos tornaram-se abundantes quando os brancos deixaram a ex-colônia recém-independente. Ao mesmo tempo em que olhavam com desprezo para o meu trabalho, encorajavam a mediocridade em muitas aspirantes a escritoras, gritando e aplaudindo ruidosamente suas leituras em eventos da indústria, sem oferecer críticas construtivas. Encontrei esse mesmo *modus operandi* mais tarde, na minha carreira de cineasta. Nesse caso, narrativas pretas medíocres eram incentivadas por inúmeros brancos em posições de poder.

Na época, ainda estudante, terminei de escrever *Condições nervosas*. O mesmo editor que rejeitou minhas outras duas peças leu e rejeitou o livro. As principais objeções de que me lembro eram que o livro não era um romance, pois pulava de um lugar a outro, e que eu havia conspirado para tornar Nhamo, o irmão da protagonista, alguém terrivelmente antipático. Certa vez, encontrei o editor em questão depois que o livro se tornou um sucesso. Perguntei-lhe o que motivou aquela carta e ele negou tê-la escrito.

Das três peças, apenas *She No Longer Weeps* ainda existe. Um membro da família que limpou meus papéis queimou as outras duas, assim como meus trabalhos acadêmicos. Tão pouca importância era dada à arte da escrita criativa.

Felizmente, quando meus trabalhos foram destruídos, o manuscrito de *Condições nervosas* estava no porão de uma editora do Reino Unido. Após as rejeições em meu país, uma amiga querida sugeriu que eu descobrisse onde estavam sendo publicadas escritoras pretas que eu admirava. Eram as grandes escritoras afro-americanas e caribenhas, Audre Lorde, Paule Marshall, Toni Morrison, Maya Angelou e Alice Walker, para citar algumas. Sou infinitamente grata por, naquela lacuna de tempo-espaço logo após a independência do Zimbábue, ter conseguido acessá-las e ser formada por elas. Eu precisava de suas vozes. As pressões sobre mim para não ser eu mesma, para me substituir por outra coisa, continuavam a ser imensas. O grupo de teatro da universidade estava encenando peças *Agitprop* sobre temas políticos. O governo encorajava a literatura "revolucionária" que glorificava a luta armada e a "vitória" da ZANU-PF. Praticamente ninguém olhava para o indivíduo e suas experiências como dignas de atenção em si. Um número ainda menor, se é que havia algum, estava preocupado com a individualidade das jovens pretas do Zimbábue. Aqueles que estavam interessados na subjetividade das jovens mulheres pretas do Zimbábue e na representação delas na literatura nos relegavam não à categoria de "autorrealização", mas "para ser usada pelo patriarcado". Eu me comprometi entusiasticamente a fazer minha parte para retificar a omissão aniquiladora e o enquadramento restritivo. As rejeições em meu país abriram meus olhos ainda mais para o que eu estava enfrentando. Segui o conselho da minha amiga. A *Women's Press* declarava-se uma editora feminista e adorei o logotipo de um ferro de passar roupa. Era bem meu tipo de feminismo realista. O fato de terem publicado Alice Walker era mais uma recomendação e indicava que poderiam estar abertas à minha escrita. Coloquei o manuscrito em um envelope pardo e enviei-o para o outro lado do oceano.

Um manuscrito do Zimbábue não trouxe empolgação, de modo que o pacote ficou acumulando poeira no porão da editora por vários anos. Em uma viagem a Londres, um compromisso não deu certo, deixando-me com algum tempo livre. Debati se deveria ir aos escritórios da *Women's Press*. Estava relutante em encarar mais uma rejeição. Quando enviei o manuscrito, disse a mim mesma que, se não tivesse retorno, desistiria de escrever. Apesar desses pensamentos sombrios, algo mais forte que o medo me impulsionou até a *Women's Press*. Já estava acostumada ao medo devido a minhas experiências com a guilhotina e o vazio. Sabia que o medo era onipresente e o truque era mantê-lo um pouco afastado. É o que interpreto que Toni Morrison quer dizer quando escreve sobre uma personagem que fica bem parada. Então parei, desci a rua e bati na porta. Depois de fazer minha pergunta, fui assegurada de que, se realmente tinha enviado um manuscrito, e ele tivesse chegado, estaria no porão. A mulher que me garantiu isso desapareceu escada abaixo. Depois de esperar alguns minutos ansiosos, ela reapareceu soprando poeira e teias de aranha do envelope que eu havia postado.

A providência na forma do império – ou melhor, resistência contra ele – me levou à editora da *Women's Press*, a falecida Ros de Lanerolle. Ros era uma exilada sul-africana que vivia em Londres na época, que reconheceu imediatamente a história que escrevi sobre uma jovem chamada Tambudzai Sigauke, que, vinda de uma família pobre, luta por uma educação porque pensa que esse será seu caminho para uma vida melhor. Foi com a publicação de *Condições nervosas* que entendi o que era escrever sendo preta, além de mulher. Ser categorizada como preta e mulher não restringe minha escrita. Escrever me garante que sou mais do que apenas negritude e feminilidade. Escrever me garante que sou. O que escrever enquanto preta e mulher me restringe é o acesso a oportunidades de publicação e, quando sou publicada, a caminhos para editoras respeitáveis e profissionais e contratos lucrativos, sendo o dinheiro a moeda do império.

Eu já havia desistido da minha carreira literária quando *Condições nervosas* foi publicado, e me embrenhado pelo beco sem saída mais estreito e desagradável da mulher preta africana, a produção de filmes, o que felizmente eu não sabia na época. Como não havia escola de cinema no Zimbábue, fui obrigada a estudar no exterior e fiquei muito feliz por ter sido aceita na *German Film and Television Academy Berlin*[VIII], que na época era uma escola de grande prestígio. Minha escrita virou roteiro e novamente – com exceção de alguns de nossos formadores, principalmente os do Leste Europeu – percebi uma impenetrável falta de interesse pelos meus assuntos: a emancipação e as experiências das mulheres pretas africanas. Diariamente, até hoje, eu batia minha cabeça contra uma parede de recusas obstinadas em admitir minhas experiências na imaginação e, portanto, na narrativa visual. Continuei minha formação apenas devido ao apoio de outro estudante africano, Wanjiru Kinyanjui, do Quênia. Wanjiru me fez companhia em meu aniversário, organizou equipes para minhas filmagens e me apoiou a cada momento, apoio esse que continua até hoje. Finalmente, um novo diretor foi nomeado e o clima na escola mudou para melhor para mim. Além da escola de cinema, comecei a ser convidada a escrever roteiros de longa-metragem, para homens e mulheres brancos que faziam filmes sobre o Zimbábue e outras partes da África. Esses filmes receberam financiamentos para produção e tiveram algum sucesso, enquanto meus próprios roteiros não receberam os mesmos recursos. Um de meus roteiros, *Dear Nnenna*, um drama de formação que se passa na escola, adaptado de um romance nigeriano

---

[VIII] *German Film and Television Academy Berlin* [Academia Alemã de Filme e Televisão de Berlim].

popular e realizado em um *workshop* com jovens escritores, teve um orçamento de US$ 285. Mas isso é muito dinheiro para aquelas pessoas que dão aos brancos que fazem filmes sobre minha parte do mundo centenas de milhares de dólares. Minha comédia de humor ácido, *Q-ing*, um musical sobre a tentativa de conseguir gasolina em situação de escassez crônica de combustível em um estado policial, está pronta e parada há décadas. Há, também, a história de um jovem de uma rica família asiática da África do Sul que descobre que sua mãe é a empregada. E a lista continua.

Enquanto isso, um número crescente de jovens pretas do continente tem sido publicado. Não obstante, no circuito literário dos anos 1990, em eventos para os quais viajei de Berlim, ouvi mulheres melancólicas fazerem piadas sobre uma nova dificuldade de publicação: *Eles já têm um preto*. Acontece agora que o "preto" que já havia sido contratado era geralmente de um grupo de certas nações africanas; ou seja, de três ex-colônias britânicas onde o Inglês é uma língua oficial – a Nigéria, a África do Sul e o Quênia. Isso se deve, em parte, à globalização. Empresas querem ter lucro. Isso é mais facilmente alcançado quando características familiares estão presentes, e a própria familiaridade é reforçada por um suprimento constante de narrativas. Esses três países incorporaram as indústrias criativas em seus modelos econômicos e estão construindo tradições literárias, assim como de outras artes. O efeito do triângulo artístico africano é mais forte no setor cinematográfico. No Zimbábue, por outro lado, a realização literária diminuiu com o declínio da educação durante a estratégia militarizada para retenção de poder da ZANU-PF, sob a qual qualquer pretensão de apoiar as artes chegou ao fim. Além de vir do país errado, eu também estava começando a sofrer de outro fator demográfico debilitante: a idade. Somado a tudo isso, eu não tinha uma agente, a *Women's Press* me devia dinheiro quando faliu, que nunca recebi, e minha nova editora não me tratava da maneira profissional que eu esperava ser tratada. Parecia que era tarde demais para mudar as coisas.

Sufocada pela incapacidade dessas pessoas de me verem como um cineasta competente e minhas protagonistas como sujeitos competentes, voltei ao Zimbábue, onde pude me centrar novamente. Agora estava casada, tinha dois filhos pequenos, prestes a se tornarem três. Era a virada do milênio. O cenário político no Zimbábue havia se deteriorado. Os sinais da autocracia e da negação dos direitos fundamentais do ser humano já eram visíveis a quem soubesse onde olhar, e depois de um longo tempo afastada de casa, foi o que fiz. Não havia como me sentar para o longo e intenso trabalho não remunerado que, para mim, caracterizava a escrita, fosse em prosa ou para as telas. Acabei me juntando a uma ONG, *Women Filmmakers of Zimbabwe*[IX], que me permitiu ganhar a vida fundando um festival de cinema feminino, o *International Images Film Festival for Women*[X].

Não são anos de que gosto de lembrar, mesmo com a publicação, em 2006, do meu segundo romance, *O livro do Não*[XI], uma continuação de *Condições nervosas*,[XII] pela Ayebia Clarke. Uma década depois de fundar o festival de cinema para mulheres, a organização recebeu uma bolsa de três anos que me permitiu planejar próximos passos e segui-los. Depois de contratar funcionárias no escritório com a bolsa, pude me concentrar no manuscrito que se tornaria *Esse corpo lamentado*[XIII]. O espectro da rejeição zombava de mim de dentro do vazio mais uma vez, até que a indomável editora Ellah Wakatama Allfrey, nascida no Zimbábue, colocou

---

[IX] *Women Filmmakers of Zimbabwe* [Cineastas Mulheres do Zimbábue].
[X] *International Images Film Festival for Women* [Festival Internacional de Cinema de Imagens para Mulheres].
[XI] *O livro do Não*. Kapulana, 2022. [*The book of Not*, 2006, original].
[XII] *Condições nervosas*. Kapulana, 2019. [*Nervous conditions*, 1988, original].
[XIII] *Esse corpo lamentado*. Kapulana, 2022. [*This mournable body*, 2018, original].

o livro sob sua proteção sem custo e encontrou uma editora para ele nos Estados Unidos. Nós duas acabamos sendo a comunidade de que eu precisava, assim como a comunidade feminista me levou ao lugar dentro de mim onde consegui ouvir minha própria voz, levando à publicação de *Esse corpo lamentado*, em 2018, pela Graywolf Press, nos Estados Unidos, sendo então selecionado como finalista do Booker Prize 2020, após publicação pela Faber no Reino Unido.

O livro recebeu críticas extremamente positivas da maioria dos cantos do antigo império, tanto de homens quanto de mulheres. As duas piores críticas que recebi foram de homens brancos no coração do império, escrevendo para os jornais *The Times* e *Daily Telegraph*. O *New Statesman* mostrou-se moderado ao me chamar de extraordinária e focar nesse rótulo, não na escrita do livro em análise. Embora escrever enquanto preta e mulher não restrinja meu processo de escrita, posiciona o conteúdo da minha escrita. Escrevo a partir da minha personalidade, que é meu eu completo espalhado por continentes e vazios. Por meio das palavras eu ergo a lâmina da guilhotina, alcanço as partes desmembradas e as reúno ao resto do meu ser, enquanto o monstro do império, praticado através do patriarcado, me agarra pelos calcanhares.

PRETA, MULHER E A SUPERMULHER FEMINISTA PRETA

Muito antes de as super-heroínas entrarem na moda, eu já tinha criado a minha. Ela tinha vinte metros de altura. Sua pele era cor de cobre. Ela usava extensões trançadas no cabelo, em um longo rabo de cavalo que descia por suas costas. Minha super-heroína caminhava sobre cabanas e casas. Ela chutava cobras que estavam prestes a morder crianças, puxava gado para fora de ravinas e segurava entre o indicador e o polegar homens cometendo violência contra corpos de mulheres; depois disso ela os arremessava para o horizonte. Quem não teria medo dela?

Eu precisava de uma super-heroína pelo mesmo motivo que todo mundo precisa – para controlar a ansiedade por uma humanidade implacavelmente aterrorizante. O patriarcado foi meu primeiro terror criado pelo homem, depois do problema existencial de simplesmente estar neste planeta. Aprendi cedo como os machos de nossa espécie se unem contra pessoas que julgam ser mais fracas, especialmente se sentem que já foram derrotados pela sociedade em que vivem.

As lições vieram de meu irmão biológico e de meu irmão adotivo, que me maltratavam impiedosamente. Meu irmão adotivo era vários anos mais velho que meu irmão e eu. Lidando com sua própria ansiedade de separação, foi natural que meu irmão se identificasse com esse homem mais velho, com quem brincava de lutar e em quem se inspirava em nossa casa de quatro andares que abrigava três gerações de minha família adotiva, mais seus filhos adotivos. Um dia, quando já estava farta de ser atormentada por irmão adotivo, gritei. Meu pai adotivo, um homem que eu chamava de Papai Henry, deu um tapa na cabeça de meu irmão adotivo, seu filho. Isso fez dois de nós chorarmos. Pelo que pude ver, a energia masculina não tinha bons usos. Não importa o que fizessem, os homens tinham o dom de fazer você se sentir mal. Eu já era uma inimiga precoce da masculinidade tóxica aos três anos de idade.

Dois anos depois, reencontrei meus pais biológicos em Londres para um período de transição antes que a família voltasse para o Zimbábue, então chamado de Rodésia. Papai nos levou ao cinema, mas mesmo enquanto andávamos de metrô, a sombra de sua raiva pela possibilidade de algo dar errado, como perder minha passagem, pairava sobre a animação pelo passeio. Essa raiva não era apenas dirigida a mim: ela poderia recair sobre qualquer pessoa ao alcance, que fosse um parente próximo o suficiente para ser um alvo seguro. Meu irmão se identificava com Papai, como havia feito com meu irmão adotivo, e até lhe ofereceu, uma vez, o meio de me punir, entregando-lhe seu cinto. Suspeito que ele fez isso para aliviar seu próprio sentimento de impotência. Meu desprezo pela construção da masculinidade na sociedade como um modo de ser que requer poder doloroso sobre os outros para validação, desprovido de compaixão, mesmo por sua própria dor, se estabeleceu cedo.

De volta ao Zimbábue, não conseguia entender por que a energia masculina era privilegiada, como se vibrasse em uma frequência mais alta, levando meus irmãos a receberem direitos que eu, junto com minha irmã mais nova, não usufruí. Havia, no entanto, um certo grau de ética feminista em meu ambiente da infância que reforçou meu pensamento crítico. Nós, crianças, tínhamos tarefas rotineiras para fazer em casa e no quintal. Meu pai gostava de mandar que ajudássemos na limpeza, lembrando que nós e as empregadas domésticas éramos iguais no que diz respeito à dignidade humana, de modo que, assim como apreciávamos sua ajuda, as empregadas também apreciavam nosso apoio. Papai distribuía essas tarefas independentemente do sexo. Meu irmão e eu limpávamos e trabalhávamos no campo e no jardim. Minha mãe, porém, policiava minha feminilidade com afinco. Eu ajudava na limpeza da casa, lavando, passando e varrendo o quintal. Seu olhar vigilante também fiscalizava os privilégios: meu irmão fazia escalada com outros jovens, usava o carro da família e passava dias em Mutare, enquanto eu não, sendo a maior parte das autorizações concedidas ou negadas por consenso parental. Decidi pela subversão, o que levou a esforços contínuos – na maioria sem sucesso – para boicotar as coisas que meu irmão não era obrigado a fazer. Tendo sido anteriormente chamada de criança difícil, agora me tornava uma adolescente desafiadora.

***

Na adolescência, assumi uma existência emoldurada por uma dupla negativa: não ser homem, não ser branca. Não ser homem vinha acompanhado de outros "não ser": não ser gentil, não ser boa, não ser sorridente. Isso significava que, em vez de usar minha energia para efeitos positivos, eu estava constantemente reagindo contra os negativos. O envolvimento contínuo com a negatividade era desorientador e me deixava nervosa. Eu me sentia terrivelmente desequilibrada. O racismo não explicava tudo, apesar de o governo colonial de Ian Smith pender cada vez mais para um sistema de *apartheid* semelhante ao que vigorava na África do Sul na época. As políticas desse governo jogaram o país em uma guerra civil que colocou o regime colonial contra os nacionalistas pretos e um punhado de brancos e outros grupos que apoiavam o princípio do governo de maioria. Os guerrilheiros, treinados no bloco comunista, incutiam no povo a doutrina da luta de classes. No entanto, isso não explicava os ataques violentamente sexualizados contra membros da população que eles diziam estar querendo libertar. A luta de classes também não explicava o abuso sexual de mulheres nos acampamentos de guerrilheiros. Apenas algumas mulheres que haviam atuado nas fileiras da guerrilha tiveram coragem suficiente para falar após o fim da guerra. Não encontrei, até meus vinte e poucos anos, uma palavra que explicasse o funcionamento do que chamei de masculinidade, quando passei a estudar na Universidade do Zimbábue. Foi lá, graças a um grupo de mulheres mais velhas, principalmente brancas e expatriadas, que me deparei com a palavra "patriarcado".

A época era a década de 1980, alguns anos após a independência do Zimbábue. A independência foi conquistada em 1980, após a guerrilha que durou uma década e meia. A guerra foi conduzida por movimentos nacionalistas pretos do Zimbábue que, no início dos anos 1960, se dividiram em dois grupos alinhados com os dois principais grupos étnicos do país: Shona e Ndebele. O grupo Shona era o maior em termos de população, o que levou seu partido político nacionalista, a *Zimbabwe African National Union – Patriotic Front* (ZANU-PF), a obter a maioria dos votos nas eleições que se seguiram às negociações de paz na Conferência de Lancaster House, em Londres. Na realidade, não havia grande divisão entre as alas política e militar da máquina nacionalista da ZANU-PF, que era um movimento militar e governo interino no exílio. Ao ser eleito para o poder, o movimento guerrilheiro tornou-se um partido político que fez uma série de reformas sociais para consolidar sua imagem como um novo exemplo para África.

As reformas incluíram a *Legal Age of Majority Act* [XIV] de 1982, segundo a qual as mulheres pretas no Zimbábue seriam legalmente emancipadas aos dezoito anos, para se tornarem, pelo menos segundo a lei, iguais aos homens pretos. Essa legislação foi

---

[XIV] LAMA: *Legal Age of Majority Act* [Lei da Maioridade Legal].

revolucionária. Até a aprovação da LAMA, as mulheres africanas no Zimbábue eram menores perpétuas sob a lei. Mesmo depois de atingir a idade de vinte e um anos, uma mulher africana permanecia subordinada ao seu tutor masculino, impedida de decidir sobre qualquer contrato, emprego ou casamento sem a permissão por escrito desse homem. Isso queria dizer que ela não poderia ganhar dinheiro para se sustentar em um emprego formal, não poderia possuir terras ou iniciar seu próprio negócio sem o consentimento de seu tutor masculino. Mesmo as decisões médicas, como a laqueadura, eram feitas pelos responsáveis masculinos. A personagem de *Condições nervosas*, a Maiguru, pós-graduada, é um exemplo de como a necessidade de se adaptar a esses tipos de restrições corroeu o senso de agência e individualidade da mulher africana, resultando em as mulheres africanas refletirem um senso distorcido de feminilidade e poder feminino para si mesmas e para membros femininos e masculinos de suas famílias, bem como para suas comunidades. O efeito da legislação colonial imperial foi agrupar as mulheres africanas como coadjuvantes amorfas, comumente caracterizadas pela inferioridade em relação aos homens.

Educada na África do Sul, na *Fort Hare University* e na *King's College*, em Londres, minha mãe foi a primeira mulher preta na Rodésia do Sul a conquistar um diploma de bacharel. Minha mãe, como frequentemente também sou, foi, para o bem ou para o mal, uma pioneira. Ela então fez seu mestrado na *University College London*, com especialização em Inglês e Latim. Retornando à Rodésia depois que os colonos britânicos no país declararam independência unilateral da Grã-Bretanha em 1965, ela era um grande exemplo para as jovens a quem ensinava. Quando ela morreu, suas antigas alunas se uniram para cantar e louvar, para fazer elogios e mais elogios, sobre como minha mãe lhes havia ensinado um tipo de mulheridade viável, possível. Profissionalmente, ela era o tipo de professora que fazia os rapazes a quem ensinava falarem Latim pelos corredores da escola. Esse era o seu poder pessoal. Mas suspeito que ela nunca tenha desfrutado plenamente das conquistas que a sociedade lhe permitiu, porque sabia que poderia ter sido muito mais, que a verdadeira extensão de seu poder pessoal era limitada por uma história e um presente que posicionavam as mulheres africanas em um espaço sem poder durante todo o período colonial.

Esse posicionamento restritivo para as mulheres pretas africanas foi praticado em todas as colônias africanas do Império Britânico. A Britannica.com descreve Theophilus Shepstone, o homem que concebeu este sistema que degradava a humanidade das mulheres africanas, ainda mais do que a de seus homens, como um "funcionário britânico da África Austral que concebeu um sistema de administração de africanos no qual todas as administrações europeias posteriores na África viriam a se basear". Criado na Cidade do Cabo e educado na escola missionária de seu pai, Shepstone mudou-se para Natal em meados do século XIX, quando assumiu o primeiro de vários cargos no governo colonial britânico. Shepstone era um *apartheidista* convicto, alegando que os pretos eram incapazes de participar da sociedade branca até que fossem devidamente civilizados. Engajando-se com a parte de sua crença que falava em ser "incapaz de participar", em vez da noção de civilizar, problemática em si, Shepstone concluiu que um sistema de governo indireto precisava ser estabelecido. Ele começou a negociar com as autoridades dos povos locais com a intenção de tornar esses poderes úteis para os esforços de colonização, muitas vezes por meio do artifício de jogar uns contra os outros. Dois de seus legados duradouros incluem reservas em que africanos viviam, e a codificação dos costumes locais da época como lei por meio do diálogo exclusivamente com os homens. Através desta última, a subjetividade das mulheres africanas foi simplesmente expurgada do discurso e da prática colonial. Essa segunda estratégia do domínio colonial, de dividir para conquistar, era baseada em gênero. Os homens africanos foram colocados contra as mulheres africanas e se identificavam com a força colonial invasora, embora o tempo fosse logo mostrar que essa identificação não os salvaria de sua própria subjugação pelos colonos. Tão bem-sucedidas foram as estratégias de Shepstone, incluindo as baseadas em gênero, em subverter o poder local para interesse do império, que o modelo passou a ser utilizado em todas as colônias britânicas na África.

Os códigos de Shepstone são o que passou a se chamar de lei "tradicional" ou "consuetudinária", embora fossem pouco mais do que um conjunto de práticas normativas conforme imaginado pelos homens com quem ele falou na época. Assim, eles refletiam as preocupações e desejos do momento. A lei local não foi codificada nem legislada. Existia por costume normativo e era regulada pelo monarca em exercício. Assim, as práticas legais locais eram flexíveis o suficiente para acomodar contextos mutáveis. Por meio da intervenção de Shepstone, as mulheres africanas foram congeladas em um momento do século XIX, imaginado e narrado pelos olhos de homens pretos e brancos, um momento que as via como aptas apenas para a subjugação.

Os sistemas tradicionais locais eram patriarcais. No entanto, esse patriarcado tradicional era construído com base no parentesco, fundamento que o diferenciava qualitativamente dos sistemas patriarcais ancorados na propriedade privada. A propriedade implica um objeto a ser possuído e um possuidor que o possui. Os objetos de propriedade privada devem ser quantificáveis, pois precisam ser contados. Assim, a propriedade é um sistema de desagregação e controle como precursores de um ato central de aquisição. Esses precursores tornam a luta e o conflito, apresentados como competição, fundamentais em qualquer sistema (incluindo sistemas patriarcais) baseado na propriedade privada.

Por outro lado, os sistemas de patriarcado baseados no parentesco reconhecem a natureza infinita dos laços relacionais e a necessidade de garantir a continuidade desses laços por meio do acesso adequado a recursos por todos. É por isso que a sociedade pré-colonial punia duramente indivíduos que supostamente interferiam na estabilidade desses laços por meio de práticas como a bruxaria. Por romper laços positivos na sociedade, a bruxaria era uma ameaça à coesão social. O patriarcado pré-colonial não era utópico, como muitos africanos tendem a acreditar, mas, por sua gênese ideológica, concedia espaço e respeito ao poder feminino: as mulheres eram parentes cujo poder devia ser valorizado. Assim, o patriarcado tradicional reconhecia diferentes níveis e locais de poder feminino. Na minha parte do mundo, o poder feminino era e ainda é praticado através da linhagem masculina. Uma tia paterna exerce um poder na família que pode ser considerado como "paternidade feminina", mesmo quando seu *status* na família com a qual ela se casa é o nível baixo de *muroora*, nora – literalmente, aquela que é casada. Criticamente, as mulheres não foram absolutamente desprovidas de poder, pois os sistemas patriarcais baseados em parentesco garantiam que todos tivessem algum poder. Portanto, as mulheres podiam e se tornaram governantes e guerreiras, e médiuns espirituais chamadas *mhondoro*.

Uma das *mhondoro* mais famosas foi Charwe. Charwe era uma médium espiritual na área do Vale Mazowe, no Zimbábue, que fica a cerca de oitenta quilômetros ao norte de Harare. Diz-se que ela foi possuída pelo espírito de Nehanda, que fundara a dinastia Mutapa junto com seu irmão no século XV. Em 1896, Charwe organizou uma rebelião contra a cada vez mais opressiva *British South Africa Company*, uma das empreitadas privadas de Cecil Rhodes, que governava a área. Um comissário nativo particularmente tirânico chamado H. H. Pollard foi morto durante a rebelião. A Companhia enviou sua força policial para caçar Charwe. Ela foi capturada e enforcada em 1897.

Com espaços de poder e influência assegurados, a ideia de mulheres no Zimbábue e em muitos outros contextos africanos lutando por poder era tão absurda quanto abominável. A filosofia africana não proscrevia o acesso das mulheres ao poder, mas, por meio da filosofia de *ubuntu*, cujo princípio central é "eu sou porque você é", a paz era altamente valorizada e esperava-se que os membros das comunidades a praticassem, em vez de lutarem entre si. Somente aqueles designados como "nem eu nem você", ou seja, "não nós", poderiam engajar-se em combate de forma legítima. Como qualquer pessoa que se aproximasse em paz tornava-se um "você-que-é-eu", a noção de "nós" se expandia e era inclusiva. Nas sociedades agrárias pré-capitalistas das comunidades tradicionais africanas, as mulheres não tinham motivos para lutar por poder como grupo.

Tudo isso havia mudado quando minha mãe nasceu, na década de 1920. Em 1899, a companhia de Cecil Rhodes criou um conselho legislativo que efetivamente transformou seus territórios em colônias autônomas. Os tribunais britânicos, no entanto, decidiram que todas as terras que não fossem de propriedade privada pertenciam à Coroa Britânica. Esta decisão confiou aos colonos a responsabilidade pelo governo de todas as terras da nova colônia e de seus habitantes. Os africanos lutaram pela independência primeiro por meios políticos pacíficos e, quando estes foram rejeitados, por meio de uma luta armada que durou de 1966 a 1979, terminando no governo da ZANU-PF. A vida sob esse governo guerrilheiro que se tornou legislador apresentava inconsistências assustadoras no início de meus dias de jovem feminista.

Pouco depois de a legislação que conferia *status* de governo de maioria entrar em vigor, notícias de atrocidades começaram a chegar de terras Matabele. Era difícil conciliar a legislação progressista promulgada pelo governo com os rumores de genocídio. Era praticamente impossível encontrar informações factuais que refutassem ou confirmassem os rumores, pois houve um completo apagão na mídia – televisão impressa e rádio –, todas estatais. Os murmúrios de terror em terras Matabele, combinados a relatos abafados de horrores que essas mesmas pessoas haviam cometido durante a guerra, contadas em pequenos círculos familiares por vítimas e testemunhas oculares, passaram então a ser repetidos em círculos cada vez maiores. Ao mesmo tempo, a ZANU-PF iniciou sua campanha para nacionalizar o feminismo, lançando sua Liga das Mulheres por todo o país. As mulheres que dançaram e cantaram "Ah, Sr. Mugabe, quero levá-lo em minhas costas" quando a ZANU-PF voltou da Conferência de Lancaster House proclamando uma vitória militar triunfante, agora estavam sendo usadas para sustentar o partido governante por meio de sua força feminina. O clima de comemoração pós-independência logo chegou ao fim. As reuniões feministas na Universidade do Zimbábue, que tanto alimentaram meu feminismo germinante, logo acabaram também. Mulheres brancas feministas expatriadas deixaram o país. Então, para nosso pesar, em 1999, menos de duas décadas após sua promulgação, a Suprema Corte atacou as disposições da Lei da Maioridade Legal.

O ataque foi realizado em meio ao caso infame de *Magaya vs. Magaya*. Em 1990, apenas oito anos depois de ter aprovado a LAMA, a ZANU-PF aprovou a *Customary Law and Local Courts Act*[XV], que apoiava o posicionamento de Shepstone sobre as mulheres africanas. Esta lei estabelecia um novo tipo de tribunal, chamado tribunal comunitário, a fim de aplicar o direito consuetudinário nas comunidades, quer dizer, as reservas criadas por Shepstone. Quando o caso *Magaya vs. Magaya* chegou aos

---

[XV] *Customary Law and Local Courts Act:* [Lei de Costumes e Lei dos Tribunais Locais].

tribunais, a Lei já havia sido alterada dois anos antes. Simon Coldham tem isso a dizer sobre o caso:

> A questão diante do tribunal era enganosamente simples: quando um homem africano morre sem deixar testamento, deixando uma filha (sua descendente mais velha) de seu primeiro casamento e três filhos de seu segundo casamento, quem tem o direito de ser nomeado herdeiro de sua propriedade? Neste caso, o Tribunal Comunitário considerou que a filha (a recorrente) não tinha direito a ser nomeada herdeira, uma vez que havia um filho capaz de agir como tal, e concedeu a herança ao segundo filho (o requerido), o filho mais velho tendo-a negado. A filha recorreu ao Supremo Tribunal, contestando a decisão. O recurso foi negado.
> De acordo com a seção 68(1) da Lei de Administração de Bens, a lei aplicável na época, os bens do falecido deveriam "ser administrados e distribuídos de acordo com os costumes e usos da aldeia ou povo a que ele pertencia". Depois de consultar uma série de decisões judiciais, bem como dois livros sobre o direito consuetudinário africano, o Supremo Tribunal concluiu que um herdeiro alcançou o *status* do falecido, herdando direitos e responsabilidades e que, na nomeação de herdeiros, os homens eram preferenciais às mulheres. A Corte teve, então, que abordar a questão e entender se esse princípio discriminatório do direito consuetudinário deveria ser derrubado como inconstitucional ou considerado inconsistente com a Lei da Maioridade Legal.[8]

Várias decisões anteriores que corroeram os direitos das mulheres do Zimbábue foram citadas pelo Supremo Tribunal ao chegar à sua decisão. Os argumentos no caso *Magaya vs. Magaya* são reveladores. Ao rejeitar o recurso da mais velha para ser nomeada herdeira da propriedade de seu pai, a Suprema Corte do Zimbábue de 1999 argumentou que as mulheres eram discriminadas em questões de herança não por causa de um *status* de minoria irreversível, mas porque a noção de minoria advinha do Ocidente e, portanto, não era aplicável em um ambiente tradicional. A corte opinou que "a razão pela qual os homens eram preferidos como herdeiros não era porque as mulheres eram 'perpetuamente menores', mas porque, no casamento, as mulheres deixavam a família de nascimento e se juntavam à família do marido. A Lei da Maioridade Legal foi projetada "para remover impedimentos, não conferir direitos"[9] e, portanto, era irrelevante no cenário em voga. Uma mulher pobre que, portanto, não conseguiu comprovar a emancipação – e, assim, a qualificação para ser julgada pela lei romano-holandesa – foi discriminada pela decisão.

Além disso, a Seção 23 da Constituição do Zimbábue na época do caso previa proteção contra discriminação. No entanto, essa proteção se estendia apenas à discriminação decorrente de "raça, grupo étnico, local de origem, opinião política, cor ou credo". Apesar de o LAMA de 1982 conferir *status* de maioria às mulheres africanas, a discriminação com base no sexo permaneceu legal. Outras áreas em que a discriminação com base no sexo permaneceu legal foram as áreas de adoção, casamento, divórcio e fúnebre. A fonte desta discriminação na propriedade privada fica evidenciada pelo fracasso da então Constituição do Zimbábue em fornecer proteção com relação a questões de devolução de propriedade por morte, ou outras questões de direito pessoal, e a aplicação do direito consuetudinário africano em qualquer caso envolvendo africanos.

A decisão do Supremo Tribunal, bem como as anteriores decisões discriminatórias em que se baseou, enfatiza a natureza performativa do trabalho do Estado do Zimbabué. Em 1980, o Zimbábue era um novo estado-nação, com os olhos do mundo voltados para ele. A legislação progressista evocou boa vontade para com a nova república. No entanto, as mudanças foram apenas maquiagem. Ações progressivas eram tão presentes no patriarcado da nova nação que as feministas precisavam estar em constante alerta, exibindo a hipervigilância que hoje também é uma condição dos pretos em sociedades racializadas. Algumas ações realizadas ostensivamente para lidar com a desigualdade de gênero foram francamente regressivas. Após a independência, as leis de cidadania do Zimbábue estabeleciam que as crianças nascidas de pais zimbabuanos eram cidadãos por descendência, independentemente do país de nascimento. Este direito de primogenitura não foi estendido aos filhos de mães zimbabuanas. Quando grupos de defesa dos direitos das mulheres fizeram pressão para uma emenda a essa lei, o direito de primogenitura foi rescindido no caso de crianças nascidas de pais zimbabuanos, em vez de ser estendido a crianças nascidas de mães zimbabuanas. Esta situação manteve-se até a alteração constitucional de 2013, fruto de uma eleição inconclusiva que levou o partido ZANU-PF a formar um governo de unidade nacional com o *Movement of Democratic Change* (MDC)[XVI].

As mulheres passam por traumas baseados em gênero e sexo todos os dias. Um homem toca seus seios enquanto você caminha pela rua. Não há onde relatar essa violação. Uma mulher é despida por estar usando uma minissaia ou até calça justa. Ela fica traumatizada demais para pensar em denunciar a situação, e certamente não quer ter que lidar com mais homens. Uma mulher sofre

---

[XVI] MDC: *Movement of Democratic Change* [Movimento para a Mudança Democrática].

abuso durante um exame médico. O Conselho Médico e Odontológico do Zimbábue diz que nunca recebeu sua carta de denúncia quando ela entra em contato para uma atualização sobre o caso. Mulheres nas universidades são tomadas pelo medo sutil e inominável de se tornarem indesejáveis para casamento por terem estudado demais. Relacionamentos sexuais baseados em gratidão e terror levam a gestações não planejadas que resultam nas alunas tendo de recuperar o tempo perdido quando retornam depois de terem seus bebês. A perspectiva esmagadora de trabalho acadêmico extra além dos cuidados com um bebê faz com que muitas mulheres nunca retornem. Não há recurso que pense nas mulheres nesse tipo de situação.

Há muito que o patriarcado do Zimbábue reluta particularmente em reconhecer as conquistas das mulheres do país em qualquer setor sobre o qual ele não tem controle. Não fico mais surpresa com isso, pois já observei que membros de classes opressoras preferem oprimir os membros de uma categoria mais próxima a eles do que membros de categorias muito diferentes. Assim, os africanos oprimem uns aos outros e endeusam o povo europeu ou chinês. Os homens do Zimbábue reconhecem as mulheres que não são do Zimbábue, mas não as mulheres zimbabuanas.

Como jovem feminista na UZ, desaprendi as lições da minha adolescência: que as mulheres deviam aguentar não serem incluídas e que não fazer isso as tornava impopulares. Em vez de desconfiar de outras feministas pretas, fiz amizade com uma das professoras da escola de Ciências Sociais. Como feminista e como socióloga que se distinguiu por uma influente análise feminista da literatura do Zimbábue, minha amiga estava interessada em meu trabalho como dramaturga que dava voz a perspectivas de gênero. Como o governo do Zimbábue ainda praticava o marxismo na época, oferecia certo apoio a algumas artes locais, principalmente eventos que tinham potencial para engrandecer sua reputação internacionalmente, como festivais. Isso levou o governo ZANU-PF a apoiar a *Zimbabwe International Book Fair*[XVII], que na época era o maior festival de literatura da África Austral.

Na preparação para a feira do livro em 1984, uma reportagem do jornal estadual anunciou que o evento contaria com a presença de escritoras. Minha amiga e eu esperamos receber nossos convites. Eles não vieram. Comprando a briga, escrevemos uma carta ao editor, exigindo uma explicação de por que as escritoras do exterior eram consideradas dignas de nota, enquanto as escritoras do Zimbábue não o eram, e também pedindo à feira do livro que explicasse a exclusão de autoras locais. A repressão, a regressão e o Zanuismo, juntamente com o patriarcado estatal apoiado pela Liga das Mulheres, não eram tão absolutos como hoje. A carta foi publicada. Minha amiga, cuja posição de respeitada professora de sociologia era superior à minha, foi, de última hora, convidada a participar.

Essas pequenas vitórias reforçaram minha crença na eficácia da irmandade feminista em nível pessoal, e no poder do feminismo para acarretar mudanças na comunidade em nível mais amplo. Dali em diante, porém, foi fácil para os escritores que organizavam a feira do livro me punirem, ignorando-me ainda mais, com minha primeira participação como convidada ocorrendo durante uma edição especial com mulheres em 1999, mais de dez anos depois de eu ter me tornado uma escritora de ficção reconhecida internacionalmente.

Anos depois, fundei e comandei, por uma década e meia, um festival de cinema de mulheres. Chamava-se *International Images Film Festival for Women*[XVIII]. Era para exibir filmes com protagonis-

---

[XVII] ZIBF: *Zimbabwe International Book Fair* [Feira Internacional do Livro do Zimbábue].
[XVIII] *International Images Film Festival for Women* [Festival Internacional de Cinema de Imagens para Mulheres].

tas femininas, para que as mulheres pudessem se ver ampliadas em proporções gigantescas, correndo atrás de seus ideais na tela. A adida cultural da embaixada de um país europeu, que apoiou o festival na época, me advertiu contra esperar que o festival fizesse muito sucesso, já que os homens ainda controlavam a indústria, assim como tudo o mais, e desprezavam os esforços das mulheres para reivindicar direitos em áreas dominadas por eles. Era uma feminista branca falando. E as feministas pretas africanas? Embora a marginalização devido a estruturas patriarcais e a falta de acesso a recursos e meios de subsistência sustentáveis construídos pelo patriarcado sejam verdadeiras para a maioria das mulheres, aplica-se muito mais às feministas; e entre as feministas, afeta ainda mais as que vivem e trabalham em ambientes desfavorecidos, como aqueles em que muitas feministas pretas convivem na África.

A situação mudou em alguma medida. Por exemplo, no Zimbábue, as cláusulas discriminatórias da Constituição do Zimbábue foram substituídas pelas disposições da Lei de Emenda à Constituição do Zimbábue (nº 20), de 2013, mas as feministas pretas na África continuam a ser um grupo pequeno, muitas vezes sitiado. O medo de represálias, como ser punida de uma forma ou de outra, ou ser condenada ao ostracismo, ainda impede que muitas mulheres reivindiquem ou mesmo desejem o poder. Fora da comunidade internacional das ONGs, que continua a financiar algumas atividades feministas altamente selecionadas, as jovens pretas do continente relutam em se autodenominar feministas, mesmo quando estabelecem conexões intelectuais entre poder e gênero, de um lado; e liberdade, acesso e recompensa, do outro. Ser feminista por convicção enquanto preta e mulher, em oposição a ser uma feminista de carreira ou de uma ONG, é viver constantemente à margem da sobrevivência. Nossa existência não é apoiada por nossos ambientes de convívio. Temos que trabalhar duro para ter momentos de afirmação, onde possamos vivenciar comunidade feminista, poder, leveza e alegria.

Tais momentos de regeneração e comunidade não ocorrem com frequência para nós feministas em nosso continente africano. Quando o fazem, geralmente é no contexto de uma agenda de desenvolvimento, não da vida pessoal e do bem-estar de mulheres nas diferentes esferas da vida. Circunstâncias e dificuldades são reduzidas a vistos em uma lista, independentemente da experiência vivida. Quando expresso em forma de objetivos globais de desenvolvimento norte-sul, o feminismo assume uma posição liberal pós-colonial que encoraja governos patriarcais a criar documentos sobre inclusão sem incentivos para implementação, tornando-os nada mais do que encenações administrativas. A natureza das dificuldades da luta de cada mulher permanece intocada, a menos que sejam mulheres envolvidas em programas de ONGs sancionados pelo governo.

A marginalização das feministas se estende à exclusão econômica. Seus locais de trabalho têm poucos recursos. Os maridos proíbem suas esposas de aceitar empregos em organizações consideradas feministas. Enquanto o feminismo global tem desenvolvido doutrinas de autocuidado, isso geralmente está além das possibilidades econômicas da maioria das mulheres feministas pretas africanas, que geralmente são as únicas a sustentar uma família, ou pelo menos contribuindo igualmente. Levadas além de seus limites, muitas se esgotam e desistem ou simplesmente emigram. Sua práxis continua em terras estrangeiras, enquanto dentro de seu país as instituições de mulheres cooptadas, sustentadas pela renda do governo, que inclui bolsas de auxílio, tornam-se o movimento de mulheres de fato. Apesar do *status* legal das mulheres, elas são configuradas pela sociedade, incluindo por elas mesmas, como bens a serem adquiridos pela comunidade masculina para sua satisfação. É entendido por ambos os lados que esses ativos corporificados nas mulheres serão adquiridos por indivíduos corporificados nos homens apenas para aumentar a experiência e o desempenho de masculinidades muitas vezes nacionalistas e sempre patriarcais.

Embora eu continue a experimentar casos isolados de represálias, especialmente quando aspiro ao poder e à influência – como quando almejei ser presidente da *Zimbabwe Film Development Platform*[XIX], que fundei em 2016, depois de passar um mandato como vice –, minha idade me protege das formas mais atrozes de misoginia do Zimbábue. Isso inclui trabalho sexual, abuso sexual infantil e casamentos infantis. As mais afetadas são as mulheres jovens, que ainda estão construindo suas vidas.

O Zimbábue é um país praticamente sem classe média. Nunca teve uma. Certa elite racial foi construída sob o domínio colonial britânico e sob o subsequente governo dos colonos britânicos. Essa engenharia social continuou quando os colonos declararam unilateralmente a independência da Grã-Bretanha em 1965. Nessa época, o governo colono, que durou até 1979, embarcou na estratégia de criar uma classe média preta para atuar como um amortecedor contra os milhões de zimbabuanos que haviam sido relegados à categoria de quase-humanos, reminiscente do "gado preto" que Reni Eddo-Lodge[10] nos lembra que era um elemento básico do comércio transatlântico de escravos. A maior parte da população preta foi realocada para reservas, em um sistema que havia sido experimentado pela primeira vez pelo administrador colonial britânico do século XVIII, Theophilus Shepstone, em Natal, África do Sul.

Os esforços para criar uma classe média econômica onde antes existia apenas uma classe de elite racial foram tentativas de

---

[XIX] *Zimbabwe Film Development Platform* [Plataforma de Desenvolvimento de Cinema do Zimbábue].

última hora para salvar uma supremacia branca ameaçada pela guerrilha nacionalista que foi travada ao longo dos anos 1970. Essa tentativa falhou com a independência do Zimbábue em 1980 e o advento de um governo majoritário. Nesse fracasso entrou a ZANU-PF, com seu patriarcado mafioso militarizado. Como feministas não estatais continuam a observar, ficou claro que a ala de mulheres do partido não tinha nada a ver com a emancipação dessas pessoas, mas era outro batalhão na repressão militarizada do estado do Zimbábue, cujo propósito era apoiar o *status quo* e executar ordens sem questionar. A mortalidade materna e a desnutrição infantil, incluindo a morte por desnutrição, aumentaram dramaticamente nos últimos anos, sem uma palavra desse grupo do governo. Em julho de 2020, sete bebês morreram em um dos maiores hospitais de referência do país por causa da redução de pessoal devido à Covid-19. As mães da ala de mulheres da ZANU-PF ficaram em silêncio. Em agosto de 2021, uma menina de quatorze anos cuja família pertence a uma das muitas seitas religiosas quase cristãs que emergem regularmente no país foi estuprada, resultando em uma gravidez. Complicações aconteceram durante o parto. Como a seita não permite tratamento médico, ela foi levada a um santuário e acabou morrendo. Essas seitas, por causa do número de adeptos e estruturas autoritárias que permitem que seus líderes determinem em quem os seguidores devem votar, foram cortejadas por sucessivos governos da ZANU-PF. Por meio disso, toda a liga de mulheres permanece muda. As mulheres da elite desfrutam discretamente dos privilégios do patriarcado, sabendo que estão pisando na corda bamba.

A verdade é que nenhuma mulher está a salvo do patriarcado predatório da ZANU-PF. Atos de violência politicamente motivados contra mulheres estão aumentando. Três jovens mulheres líderes do partido de oposição, o *Movement for Democratic Change* (MDC), foram perseguidas implacavelmente desde o início de

2020 por suas atividades políticas. As jovens alegam que foram sequestradas e torturadas por agentes do Estado após uma prisão em que não foram acusadas, mas transportadas clandestinamente da delegacia. A alegada tortura incluiu serem forçadas a ingerir seus dejetos. Ao retornarem à delegacia para denunciar o suposto crime, foram indiciadas pelo crime de simulação de sequestro. Tuítes de altos funcionários do governo as acusaram de terem forjado a tortura ou de terem participado de um encontro amoroso que acabou mal.

A misoginia que as feministas enfrentam no Zimbábue é tão normalizada que nem mesmo as mulheres da elite são poupadas quando ousam ir contra o senso comum, mas são severamente punidas nas sociedades africanas conservadoras. Grace Mugabe, esposa do falecido Robert Mugabe, que governou o Zimbábue como um monarca por quase quatro décadas com seu partido ZANU-PF, tornou-se a causa da queda de sua família depois de buscar o poder para manter a autoridade política nas mãos da facção de seu marido idoso, e ela nem se identificava como feminista. Ver mulheres alçadas ao privilégio por meio do casamento com um homem poderoso, apenas para cair violentamente quando o relacionamento com o homem termina, é um sinal forte para as mulheres do Zimbábue permanecerem na linha. O destino de Marry Mubaiwa, ex-esposa do vice-presidente do Zimbábue no governo militar de hoje, é outro aviso terrível para todas as mulheres do país. Após o fim do casamento, ela está perante os tribunais sob a acusação, entre outras, de ter esbofeteado uma empregada doméstica e de ter conspirado para celebrar a união estável com o marido sem a permissão dele. As várias acusações parecem uma novela, tornando ainda mais assustador o fato de estarem sendo perseguidas nos mais altos níveis do poder do Zimbábue. Embora a sra. Mubaiwa esteja gravemente doente, ela não tem permissão para viajar para fora do país para se tratar, e seu acesso a hospitais no Zimbábue é dificultado por restrições financeiras impostas em suas contas bancárias. Em novembro de 2021, a Justiça ordenou sua prisão por dez dias para permitir que o Estado determinasse se ela estava ou não apta a ser julgada. As feministas do país divulgaram uma declaração instando o Estado a não usar os tribunais de justiça para acertar as contas em disputas de divórcio e expressando sua preocupação com a vida de Mary Mubaiwa, mas há pouco mais que as feministas – sitiadas, famintas de recursos e influência, e trabalhando dentro de instituições fragilizadas, muitas das quais não sobrevivem às pressões que enfrentam – possam fazer. Ser feminista enquanto preta e mulher no Zimbábue é viver no epicentro do racismo estrutural e de um patriarcado estrutural militarizado brutal que cooptou partes significativas das instituições estatais.

Certas mulheres são alçadas ao privilégio em nossas sociedades patriarcais. São as que se conformam com sua subordinação. O mecanismo funciona em todos os níveis da sociedade. As mulheres da elite são frequentemente usadas como exemplos para o resto da sociedade sobre como as mulheres devem concordar com as construções de poder de gênero, com o argumento de que uma mulher ainda pode alcançar o sucesso em uma posição de subordinação. No Zimbábue, algumas mulheres continuam a prática tradicional de fazer reverências ou ajoelhar-se diante de seus maridos, um ato que chamo de genuflexão conjugal. Mulheres poderosas são citadas na mídia, alegando que, embora tenham posições socioeconômicas elevadas, ainda fazem a genuflexão conjugal, cozinham, limpam, buscam e trazem para seus maridos na privacidade de suas casas. E, de fato, são essas mulheres, que são propensas a fazer tais afirmações, que são elevadas ao privilégio em nossas sociedades.

Longe de mim condenar mulheres que realizam atos de trabalho doméstico como uma oferta de amor. Existem homens para quem tais atos também são uma linguagem de amor, embora sejam poucos e raros. Minha preocupação é com performances de subserviência como uma prática consuetudinária baseada em relações de poder de gênero, onde tais atos se tornam não expressões de conexão pessoal, mas de controle social. No que diz respeito à genuflexão conjugal, acredito firmemente que qualquer ser humano que exija ou permita que outro ser humano se ajoelhe diante dele tem motivos profundamente suspeitos, e um ser humano que acha normal habitualmente ajoelhar-se diante de outro ser humano precisa ser salvo.

Além dessa mensagem óbvia, essas mulheres enviam outros recados sutis para as que as assistem e que aspiram ser bem-sucedidas como elas se tornaram. A conquista profissional de uma mulher é desnormalizada e tratada como atípica. Ela é construída como um evento que deve ser expiado. A mulher realizada deve provar que ainda é feminina ou, como é dito localmente, "mulher para casar". As mulheres são obrigadas a confirmar que seu sucesso cabe dentro da estrutura de uma agenda patriarcal e não a desestabilizará. É uma espécie de toma lá dá cá. O que está nas entrelinhas das afirmações dessas mulheres é: "Apesar de desafiar o patriarcado dessa forma, ainda vivo de acordo com o patriarcado dessa outra forma." Esse tipo de silenciamento da ambição das mulheres funciona junto com a exclusão das feministas africanas do trabalho e, portanto, do sustento e da prosperidade, uma tática com longo alcance em nossas sociedades. Trabalho é criativo. Trabalho produz. Esforço que não produz não é trabalho. É escravidão. Trabalho é uma manifestação de poder. Trabalho é impossível onde não há poder. A exclusão do trabalho resulta em autoatribuições, por parte das mulheres, e das mulheres feministas assim afetadas, de falta de poder.

As mulheres do Zimbábue, em um país onde tudo, desde a economia até o espaço democrático, está encolhendo, são levadas a entender a ameaça não tão sutil de serem colocadas em uma categoria indesejável e serem deixadas à própria sorte em um ambiente econômico cada vez mais brutal.

Uma estratégia complementar é a fabricação do silenciamento e da invisibilidade. Mulheres bem-sucedidas na sociedade conservadora do Zimbábue e em outras sociedades africanas que não são limitadas em suas vidas públicas e privadas por normas hostis às mulheres são silenciadas por uma mídia patriarcal. Ao mesmo tempo, as mesmas estruturas patriarcais e a interseção dessas estruturas patriarcais com estruturas liberais internacionais trabalham para garantir que não haja mídia voltada para as mulheres. Por outro lado, mulheres que são emancipadas em sua vida pública e privada optam por não falar sobre sua emancipação. As razões vão desde o desejo de proteger uma privacidade preciosa até o medo de represálias, inclusive que o marido que tolera seu comportamento seja ridicularizado. Há um número crescente desses homens, como resultado do trabalho que as feministas fizeram ao longo das décadas, mas, novamente, o silêncio torna a maior parte deles invisível. O medo de represálias também leva essas mulheres a se dissociarem do feminismo, reforçando a percepção desse movimento como um culto pernicioso, e das feministas como um bando de detestáveis. Na ausência de uma mídia dedicada às mulheres pretas conscientes no continente, é improvável que as mulheres que empreenderam jornadas bem-sucedidas para sua liberdade pessoal se sintam à vontade para falar sobre seus caminhos para a emancipação dos laços do patriarcado. Como resultado, suas histórias são perdidas e as mulheres jovens têm poucos modelos para apontar o caminho. Essencialmente, como resultado, as feministas africanas estão presas em um ciclo de sempre serem pioneiras.

Essa negação da voz impacta até onde as mulheres podem usar o poder de sua imaginação. A imaginação é o elo necessário entre o desejar e o fazer. A imaginação reduz a distância entre as condições de conquista e o que se deseja. A imaginação representa o desejado como uma realidade potencial e mapeia caminhos de ação para atingir essa realidade. Os produtos realizados da imaginação disseminam ideias em grupos, que envolvem o indivíduo no nível do pensamento, filosofia e ideologia. Acessar o imaginário feminista preto coloca representações feministas pretas do mundo em sociedades e comunidades, permitindo que essas representações feministas pretas do mundo influenciem o pensamento e a imaginação de outras pessoas, indo na direção de um mundo concebido por uma mente feminista e preta. Da mesma forma que é necessário para as sociedades patriarcais conservadoras pretas, e em particular as africanas, manter as feministas sem poder para controlar a produção de mercadorias e assim nos tornar incapazes de acumular valor material para nós mesmas, também é imperativo para as mesmas sociedades conservadoras e patriarcais garantir que as feministas sejam impedidas de incubar ideias feministas. A força que ideias têm para inspirar os outros vem do seguinte: é da natureza das ideias, palavra derivada do grego *idein*, ver, infundir energia e vida no intelecto, coração, mente e alma dos outros, em outras palavras, acender uma visão interna. Por isso, ideias feministas são suprimidas.

É justamente por isso que o trabalho imaginativo das feministas pretas é inviabilizado. Enquanto as feministas brancas imaginam um mundo formado seguindo as linhas do patriarcado branco da propriedade privada, no qual as recompensas são meramente redistribuídas, as feministas pretas imaginam um novo mundo que nunca foi visto antes. Imaginamos um mundo no qual, nas palavras de Reni-Eddo Lodge, "todas as pessoas que foram econômica, social e culturalmente marginalizadas por um sistema ideológico que foi projetado para o fracasso" sejam libertadas dos efeitos destrutivos de ideologias de classificação que causam divisões. Eddo-Lodge aponta que isso significa "pessoas com deficiência, pessoas pretas, pessoas trans, mulheres e pessoas não binárias, pessoas LGBT e pessoas da classe trabalhadora". O feminismo preto prevê equilíbrio de oportunidades. Ele derruba categorias baseadas em quaisquer dados demográficos. É um trabalho extenso. Referindo-se à interseccionalidade, Eddo-Lodge observa: "A ideia de lutar pela igualdade deve ser complicada se quisermos desembaraçar a situação em que nos encontramos" (p. 181). Este é o trabalho no qual as feministas pretas devem se destacar, pois em sua variedade complexa, essas mulheres vivenciaram a margem mais repressiva da maioria das categorias demográficas e não sucumbiram, são fortalecidas por sua própria sobrevivência em um mundo construído para relegá-las à quase-humanidade não apenas de raça, mas também de gênero, e emergiram tão humanas quanto qualquer outra categoria, se não mais. As feministas pretas são o grupo demográfico que imagina e energiza um movimento por uma sociedade nova e mais igualitária. É por isso mesmo que as vidas criativas das feministas pretas não são reconhecidas e são extintas. Em nossos momentos privados, nós, feministas africanas, rimos das rejeições que enfrentamos. No mundo editorial, uma de nossas piadas mais comuns ao confortar outra irmã depois de mais uma rejeição é: "Eu sei, eu sei. Eles disseram: nós já temos uma dessas aí", o que significa que já têm uma escritora preta no catálogo. E nós gargalhamos.

Pessoas que não são mulheres pretas raramente riem dessa piada. Os brancos não riem porque sabem que não são mulheres pretas e, portanto, são incapazes de rir como os sobreviventes fazem da coisa que deveria aniquilar suas almas e espíritos, senão seus corpos. A branquitude é eficaz porque funciona de modo oculto. Se fôssemos peixes, a branquitude seria o mar em que nadamos, e Deus ajude qualquer peixe que sugerisse que a água estava envenenada. Os brancos não sabem o que os torna brancos porque o mundo é criado pelo poder normativo branco: nada resiste à branquitude para lembrá-la de quais são seus limites e quão pequenos eles são. Os brancos, é claro, sabem muito bem que seu poder normativo se direciona a mutilar e matar as almas dos pretos, mas não podem admitir isso rindo de uma piada que aponta justamente para essa atrocidade. O riso dos brancos iluminaria sua brancura. Eles respondem chamando de escandalosas as mulheres pretas que riem alto, ou olham timidamente, temendo não as mulheres que riem, mas do que as mulheres estão rindo: o fato da branquitude e tudo o que isso implica; ou, então, seus olhos ficam sem expressão. Os homens pretos também não riem. No entanto, os motivos da severidade desses homens são diferentes dos motivos dos brancos. Não há culpa nisso. A masculinidade nega aos homens pretos a trégua inofensiva de sua rejeição nas mãos da branquitude que as mulheres pretas obtêm por meio de seu riso. A raiva dos homens pretos por não serem levados a sério, como se diz que os seres humanos do sexo masculino devem ser levados, irrompe contra as mulheres pretas – e ocasionalmente contra as brancas vulneráveis.

Há várias décadas, enquanto estudava cinema em Berlim, tentei articular isso com meu professor de espanhol. "Como posso colocar isso na tela?", perguntei. "O fato de que, quando olham para você, não te veem?" Meu tutor, um cubano branco e simpático, lançou-me um olhar perplexo. Percebo agora que ele talvez não soubesse do que eu estava falando. O oposto – apagar algo que está lá – é fácil. Mostrar que algo que se diz não existir há centenas de anos – ou seja, o valor, a dignidade e a humanidade das pessoas pretas – existe de fato é uma tarefa de proporções hercúleas. Requer o máximo de resistência e paciência. Assegurar esse reconhecimento e lutar contra tudo o que milita contra ele é o mais alto nível de trabalho das feministas pretas. No entanto, como a sociedade africana e os indivíduos brancos, a sociedade global reluta em apoiar esse trabalho criativo das feministas pretas africanas. Seus olhos perdem o foco, embora estimular e explorar a imaginação das feministas seja fundamental para permitir que as contribuições feministas, humanistas e emancipadoras para a sociedade se concretizem.

A participação das mulheres, e mais particularmente das feministas, na vida simbólica – aquelas áreas que dependem da imaginação para terem poder – como a religião, a política e as humanidades, incluindo, mais recentemente, as economias criativas, bem como o acesso das mulheres a espaços públicos onde sua imaginação pode não ser facilmente controlada, foi vigorosamente controlada ou proibida em sociedades patriarcais. A exclusão de mulheres e feministas do imaginário não se limita às mulheres pretas. Foi apenas em 2021 que um filme feminista dirigido por mulheres ganhou a Palma de Ouro em Cannes com *Titane*, de Julia Ducournau, e ela é branca. A única outra mulher a ganhar o prêmio antes de Ducournau foi Jane Campion por seu filme de 1993, *O Piano*. Ela recebeu o prêmio em um empate com Chen Kaige por seu *Adeus, minha concubina*. Na literatura, a inquietação com a imaginação das mulheres pretas foi revelada quando Bernardine Evaristo ganhou o Booker Prize em 2019 juntamente com Margaret Atwood. Eu documentei minhas próprias dificuldades para ser publicada no Zimbábue e no exterior em outras partes deste volume.

Como resultado dos obstáculos, que parecem impossíveis para muitas e que são intencionalmente construídos para parecerem mesmo, muitas mulheres africanas que têm um forte senso de justiça e um senso de identidade bem desenvolvido optam pelo ativismo em vez do feminismo. O ativismo permite que as mulheres pretas do continente direcionem suas energias fenomenais para a reforma social por meio de canais que são apoiados por uma ou mais bases de poder que operam na sociedade. Há muitas ativistas pretas, mas poucas ativistas feministas pretas. Feministas pretas tendem a ser feministas de carreira, ao invés de feministas por consciência. Elas proferem frases como: "Minha instituição apoia X, mas eu pessoalmente não", onde X é alguma questão localmente controversa, como a homossexualidade. Eu vim a entender que elas exibem uma agência que vem de fora, em oposição a uma agência que vem de dentro.

Agência externa é uma capacidade de agir que é conferida por fatores externos. Oferece oportunidade para ação. Em circunstâncias onde as oportunidades de atuação são raras, como, por exemplo, nas comunidades pretas, tais oportunidades são aproveitadas. Para escapar do trabalho árduo da vida na aldeia, uma mulher amarra um lenço estampado do partido no poder, embarca em um ônibus no ponto local e é levada para a cidade de graça, para desfrutar do espetáculo de desfiles militares e atos musicais de apoio ao governo, coisas que ela nunca veria de outra forma. Vai receber uma caixa contendo frango com batatas fritas e uma Coca-Cola para o almoço. É o equivalente zimbabuano do pão e circo. Ela colocará seu nome em qualquer lista, incluindo uma lista de votantes quando o chefe de sua reserva idealizada por Shepstone pedir a ela que o faça. Na época das eleições, ela receberá alguns quilos de arroz, uma iguaria que nem sempre está disponível nas áreas rurais. Sua família vai saborear a refeição e, para ela, isso é agência. Ela vai se vangloriar pela cidade na próxima viagem de festa e ordenar aos carros e civis que não estão indo ao evento do Estado no estádio que saiam rápido de seu caminho. A agência externa espelha a entidade provedora de tal agência.

A agência interna é o resultado de batalhas com a consciência e escolhas difíceis, em que a moralidade interior triunfa. É a agência que alimenta escolhas que a levam a ser visível em público como um indivíduo, em vez de esconder sua identidade em meio às massas. Esse é o tipo de agência que as feministas pretas e, em particular, as feministas pretas africanas por consciência exercem. É o resultado de uma luta incansável pela sobrevivência e dignidade. Transcende o eu. Nossa convicção é profunda, sustentada por uma imaginação viva que nos lembra que outras realidades são possíveis além daquela que prevalece. Construímos nossa teoria à medida que avançamos, formando-a a partir de nossa própria experiência. Dessa forma, seguimos o exemplo de Toni Morrison, que colocava seu eu feminino e preto no centro de tudo e nunca se movia. É esse posicionamento consciente sobre nós mesmas, sem respeito pela arena que foi preparada para nós, o fato de termos esculpido um lugar para nós mesmas exatamente como somos, em um mundo que preferiria que não existíssemos, que nos torna o pior pesadelo do *status quo*. É por isso que as pessoas nos veem como supermulheres.

DESCOLONIZAÇÃO COMO IMAGINAÇÃO REVOLUCIONÁRIA

O colonialismo traz dor para todos os envolvidos. Algumas variedades de sua patologia são mais facilmente identificadas do que outras. Virginia Woolf falou de como, andando de ônibus em Londres, ela viu um homem preto e pensou consigo mesma como era terrível carregar a marca da humilhação.[11] Achei o comentário perspicaz e assustador quando o li, muitos anos atrás.

Definir o corpo preto como o local da dor que flui do sistema de colonização é a norma. Variedades físicas de violência colonial que deslocam corpos, limitam corpos, mudam o que os corpos ingerem ou que tipo de trabalho corpos podem realizar, junto com o tipo de produto que corpos podem trabalhar para produzir, são objeto de muita atenção hoje. Somos atacados diariamente com histórias de imigração, vacinação – ou falta de vacinação –, histórias de fome, de tortura, brutalidade policial, doenças. Muito raramente, na história da instituição da colonização ocidental, o discurso abordou o que pode ser chamado de metafísico, ou seja, as formas cognitivas e afetivas – subjetivas – da violência colonial. Isso não é surpreendente, pois a colonização foi construída intencionalmente para garantir que seus efeitos não fossem questionados nem desmantelados. Aqui, no meu pensamento, os termos marxistas são invertidos. Segundo Marx, as relações de poder entre as classes resultam das posições relativas de propriedade das classes em relação à infraestrutura – isto é, aos meios de produção. Diz-se que a propriedade dá origem a uma superestrutura especificamente construída para defender as hierarquias de classe ancoradas nas diferenças de propriedade dentro da infraestrutura. No caso da empreitada colonial, uma superestrutura específica, que havia sido criada para defender certos interesses infraestruturais, foi exportada para sistemas socioeconômicos onde não existiam anteriormente nem a infraestrutura, nem os modos de produção da entidade colonizadora, nem a superestrutura resultante. No território colonizado, o edifício subjetivo do projeto colonial tornou-se assim, em si mesmo, um meio de produção – ou seja, um elemento infraestrutural – onde o produto era o sujeito colonial. Os sistemas superestruturais coloniais formavam uma espécie de infraestrutura colonial simbólica que produzia relações materiais específicas de produção e, portanto, de poder. Essas relações persistem até hoje.

Por um lado, o sistema global que a colonização construiu foi propositalmente moldado para camuflar seus rastros por meio de ataques não só aos corpos, mas também aos mundos simbólicos, como religião, linguagem e sistemas jurídicos, das pessoas que subjugou. Por outro lado, devido à estratégia de dominação indireta do sistema colonial, muitas pessoas melanizadas permaneceram inconscientes de que, na prática, na sociedade global, ser preto é o ponto mais baixo de uma escala cujo polo oposto é a branquitude. A escritora Ama Ata Aidoo relata sua experiência de não saber que era preta até deixar sua terra natal, Gana, para viver na Alemanha. Foi então, pela justaposição à branquitude de uma forma que a excluía, que ela percebeu que era "preta". Assim, enquanto todos os pretos vivem em grande parte na dor que é induzida e mantida pelos sistemas de colonização, nem todos vivem essa dor como seres pretos corporificados. Eles vivem a experiência de um ser humano em sofrimento, em oposição à de um ser humano especificamente preto em sofrimento. Assim, eles não podem focar nem direcionar suas energias – limitadas como essas energias são devido ao sofrimento – para a causa distante de seu trauma.

Outras pessoas pretas tomam a decisão, consciente ou não, de rejeitar a categoria "preto". A ideia de ter sua humanidade confinada e desvalorizada por tal qualificador é insuportável demais para que a aceitem. No Zimbábue, a questão de remover os restos mortais de Cecil Rhodes de seu túmulo nas colinas de Matobo, perto de Bulawayo, ressurgiu recentemente. Um número significativo de pessoas acredita que tal mudança só seria aceitável se os restos mortais de Mzilikazi, o rei Ndebele que se estabeleceu nas partes sul e oeste do país na década de 1860, também fossem repatriados para a África do Sul. A diferenciação entre a extração racializada imperialista, em que o valor material era exportado de sua fonte local para a metrópole colonial em uma troca desigual justificada por atributos raciais fictícios, e a contestação étnica regional, provoca a ansiedade de ser rotulado como racista. Esse é o caso mesmo que exemplos de racismo sistemático e cotidiano cerquem e impactem essas pessoas pretas em suas rotinas. Por um lado, procuram dissociar-se do tormento causado pelas construções racistas do mundo, para não terem de se envolver em questões dolorosas sobre o seu próprio valor como seres humanos. Por outro lado, elas trabalham para reforçar a ideia de seu valor adotando uma posição de não racialismo que nega a existência e os efeitos de sistemas racistas tanto na sociedade histórica quanto na contemporânea.

A questão do valor como ser humano gira em torno da posicionalidade de alguém na sociedade. Em um mundo que produziu o *apartheid* da África do Sul e muitas gradações da mesma ideologia, como as praticadas na Rodésia do Sul e em outras colônias britânicas, isso é definido como não brancura. A pessoa corporificada como preta sempre se depara com o espectro de não ser branco, e vive a experiência diariamente em uma miríade de maneiras.

Na minha infância, senti essa posicionalidade e sua dor como uma ausência. Uma filha adotiva criada em um lar branco, sempre

tive a sensação de que havia algo logo ali, onde eu não estava, onde não ousava ir, mas cuja existência significava que eu não poderia existir totalmente onde me encontrava. Tinha a sensação de viver fora de mim, não em integração comigo. O trauma causado por essa falha de integração foi tão intenso e tão forte que não consegui me identificar com ele, resultando em um maior distanciamento de mim, de modo que não conseguia me identificar comigo mesma. Eu me sentia como uma sombra que na verdade não existia. Percebia uma dormência generalizada e um embotamento cinza e fosco sobre todas as minhas percepções. Nunca me considerei um ser no meio das coisas. Só pensava na vida e nas coisas que existiam ao meu redor. Eu era como o espaço vazio no centro de uma roda.

Nessa família adotiva onde morávamos eu e meu irmão, e depois minha irmãzinha, a vovó cuidava da família, e o vovô era um veterano que voltara ferido da segunda guerra mundial e vivia confinado a uma poltrona. O filho deles, que chamarei de Papai Gerald,[12] trabalhava dirigindo uma ambulância. Sua esposa, Mamãe Eve, trabalhava no açougue. Eles eram pessoas gentis que acreditavam em uma vida plena em família. Essa crença envolvia crianças alegres. Eles nos levavam para sair com frequência, com Papai Gerald dirigindo o carro da família. Mas a alegria escapava de mim, porque eu sentia os estados negativos mais prontamente do que os positivos. Os estados positivos tinham que ser intensos, como descer as colinas de Dover, o que eu fazia frequentemente com meu irmão, ou ser informada de que meu irmão e eu pegaríamos o trem para Londres para visitar nossos pais, para que eu os vivenciasse de fato. Outras pessoas eram coisas que existiam ao meu redor também. Eram coisas entre as quais eu, uma não pessoa, quase uma não coisa, vagava. Embora soubesse que algumas dessas pessoas ao meu redor tinham certa conexão comigo, não conseguia senti-la. Porque eu não conseguia me conceber como pessoa, não conseguia conceber o que era uma pessoa. Depois de vários anos na Inglaterra, minha família biológica voltou para o Zimbábue, então chamado Rodésia. Lá, minha experiência de ser outra separada de tudo, inclusive de mim mesma, no coração do império colonizador, transformou-se na experiência de ser outra em suas margens.

Na Inglaterra, meu irmão e eu saíamos para a rua para brincar com outras crianças. As crianças brancas raramente vinham à nossa casa e não me lembro de ter visto outra criança preta. No Zimbábue, as crianças chamavam meu irmão, minha irmã e eu de *Varungu* e não brincaram conosco em um período longo da minha infância.

"Essa gente não quer brincar conosco", eu dizia a meu pai.

"Não os chame de 'essa gente'", meu pai dizia. "Eles são exatamente iguais a você."

Meu pai me dizia as palavras "eles são exatamente iguais a você" com frequência. Aprendi cedo sobre equidade. Lidando, ainda que de forma infantil, com as diferenças que separavam de mim as crianças ao meu redor, não conseguia me esconder da noção de negritude. Eu já tinha uma mentalidade descolonial quando cheguei no ensino médio.

A primeira Portaria de Educação Colonial da Rodésia, de 1899, previa amenidades separadas e desiguais para crianças pretas e brancas. Depois que a autogovernabilidade foi concedida aos colonos em 1923, a política educacional da Rodésia do Sul priorizou aquele tipo de habilidade criativa e intelectual que seria útil no estabelecimento de um próspero território imperial. Os comissários passaram a ver o país como "uma comunidade pequena, mas em crescimento, de boa linhagem europeia, instalada em planaltos subtropicais em um extenso território com grande potencial de riqueza. Está bem estabelecida e tem uma população nativa de cerca de vinte vezes seu próprio número, composta por um povo que é, em sua maioria, dócil e inteligente o suficiente para proporcionar grande oferta de mão de obra."[13] O sistema educacional era segregado, com a primeira escola acadêmica para africanos sendo fundada em 1939 pela Igreja Anglicana na Missão de Santo Agostinho nos Planaltos Orientais. Logo depois foi aberta a primeira escola do governo em 1946, em Goromonzi, onde, incidentalmente, tanto meu pai quanto minha mãe foram alunos: ele foi monitor-chefe em seu último ano e, embora nenhuma monitora-chefe tenha sido nomeada até depois de ela ter se formado, um dormitório agora leva o nome de minha mãe. Uma segunda escola secundária do governo para africanos foi estabelecida em Fletcher, perto de Bulawayo, em 1954. A dessegregação do sistema escolar foi lenta. O processo começou no ensino superior, com a abertura da Universidade do Zimbábue em 1957, sob o argumento de que a segregação era contrária à filosofia da instituição, filosofia essa encabeçada por um grupo filantrópico de rodesianos brancos. Em 1963, uma coalizão de escolas brancas independentes, igrejas e empresas se uniram para oferecer uma série de bolsas para crianças pretas. No entanto, a legislação sobre posse de terra restringia a 6% o número de crianças pretas que poderiam ser matriculadas nessas escolas. A legislação também impossibilitava que essas escolas competissem em eventos esportivos em escolas públicas quando crianças pretas fossem membros da equipe. Quando chegou a hora de me matricular, o número de alunos pretos na minha escola era de cerca de 3%. A própria escola não estava preparada para o que minha presença causaria, e nem eu.

    Eu sofria de ansiedade de separação, para começar, por causa da minha experiência com a casa de adoção, e meus sentidos de equidade dificultavam qualquer negociação naquele ambiente racializado que seguisse as maneiras doces esperadas dos africanos. Eu não tinha o hábito de sorrir, e também não era enturmada, preferindo passar meu tempo sozinha, lendo. Fui rotulada como uma aluna problemática, infeliz, e quase fui expulsa por causa disso. Uma de minhas façanhas particularmente problemáticas ocorreu depois que as atividades de guerrilha se intensificaram no início dos anos 1970. Durante as férias, meus pais, que se dedicavam à luta, me deram um curso intensivo sobre a história nacionalista do Zimbábue. De volta à minha escola predominantemente branca, onde a maioria das meninas eram filhas de fazendeiros, levantei minha voz apenas uma vez durante as dedicações na missa, para rezar pelas almas de Takawira e Parirenyatwa. Os dois homens eram nacionalistas que haviam sido detidos pelo regime de Ian Smith na década de 1960 e que morreram na luta armada. As contradições que encontrava e às quais reagia fizeram com que eu fosse, por um tempo considerável, uma das africanas de que menos gostavam na escola, especialmente em comparação às meninas africanas que sorriam com mais facilidade.

Tichafa Samuel Parirenyatwa, nascido em 1927, foi o primeiro médico preto formado no Zimbábue. Seu avô era o chefe Chingaira, que foi executado por colonos rodesianos. Sua mãe era do povo Tangwena, que resistiu às tentativas do regime colonial rodesiano de expulsá-los de suas terras ancestrais, até que uma decisão judicial a seu favor foi ignorada e as autoridades coloniais desceram com escavadeiras para demolir as habitações do povo. Além de ser o primeiro médico preto do país, Parirenyatwa também foi o primeiro vice-presidente do *Zimbabwe African People's Union* (ZAPU)[xx]. A ZAPU foi fundada em 1961 por Joshua Nkomo, e foi o terceiro partido político nacionalista que ele fundou. O primeiro de uma série de partidos políticos nacionalistas que Nkomo viria a fundar foi o *Southern*

[xx] ZAPU: *Zimbabwe African People's Union* [União do Povo Africano do Zimbábue].

Rhodesia African National Congress (SRANC)[XXI]. Este também foi o primeiro partido político nacionalista africano no país. Fundado em 1957, era um partido não étnico cujas plataformas nacionalistas incluíam o sufrágio universal, o bem-estar dos pretos, a erradicação do racismo na sociedade, inclusive na educação, e a livre circulação de todas as pessoas pelo país. O SRANC foi banido dois anos depois de sua criação, quando o primeiro-ministro da Rodésia do Sul, Edgar Whitehead, declarou estado de emergência, não apenas na Rodésia do Sul, mas em toda a Federação Centro-Africana[XXII], alegando que o partido havia incitado a violência. Após a proibição, o partido se reagrupou como *National Democratic Party* (NDP)[XXIII] em 1960, com Nkomo como presidente. Quando o NDP foi banido no ano seguinte, Joshua Nkomo, juntamente com a liderança do NDP, fundou a ZAPU, partido que existe e disputa eleições até hoje.

Parirenyatwa serviu como médico do governo em uma época em que as tensões raciais eram flagrantes. Em uma ocasião, enquanto Parirenyatwa realizava uma autópsia, um homem branco entrou na sala e tentou impedi-lo, dizendo: "Não vou deixar um preto maldito cortar minha mãe."[14] Após vários cargos, ele renunciou ao serviço público como médico em 1961, quando abriu consultórios particulares que lhe permitiriam se envolver em atividades políticas enquanto continuava sua carreira na medicina. Um excelente organizador, ele foi morto no ano seguinte a caminho de uma reunião política no que as autoridades rodesianas registraram como um acidente ferroviário, mas

---

[XXI] SRANC: *The Southern Rhodesia African National Congress* [Congresso Nacional Africano da Rodésia do Sul].

[XXII] *Central African Federation*: Federação Centro-Africana ou Federação Rodésia-Niassalândia. Foi uma federação estabelecida pelo Reino Unido, constituída pela colônia da Rodésia do Sul (Zimbábue) e os protetorados da Rodésia do Norte (Zâmbia) e Niassalândia (Maláui). Existiu de 1953 a 1963.

[XXIII] NDP: *National Democratic Party* [Partido Democrático Nacional].

relatos no Zimbábue chamam de assassinato.

Leopold Takawira juntou-se ao NDP na sua fundação e continuou seu trabalho político com a ZAPU depois que o NDP foi banido. Com o tempo, porém, muitos políticos se desiludiram com a luta pacifista da ZAPU. Em 1963, Takawira deixou a ZAPU para ingressar em um partido dissidente, a *Zimbabwe African National Union* (ZANU), liderada por Ndabaningi Sithole, em 1963. O governo da Rodésia do Sul deteve Takawira em 1964 no acampamento Sikombela, perto de Gokwe, uma pequena cidade na parte central do Zimbábue. Diabético, Takawira foi transferido para a prisão de Salisbury, onde morreu em 1970, por ter recebido cuidados médicos inadequados.

Minha mãe me contou parte dessa história. No dia em que fiz minha dedicação, todos na missa da minha escola, que era 90% branca, rezaram pelas almas dos nacionalistas.

Havia três centros de detenção para os quais os nacionalistas africanos eram enviados pelo governo de minoria branca. As autoridades da Rodésia usavam tanto a prisão quanto a detenção como meios de reprimir a atividade política nacionalista no Zimbábue. A prisão era regida pelo código penal. As sentenças eram finitas e os presos podiam recuperar a liberdade quando o período estipulado chegasse ao fim. A detenção, por outro lado, era um sistema menos regulamentado de privação de liberdade. Era uma instituição cuidadosamente brutal, destinada a transformar os detidos em mortos para a sociedade, para conter sua influência. Os detidos não eram acusados de qualquer crime, nem lhes era concedido o direito de presunção de inocência até que se provasse o contrário, ou de serem julgados; alguns eram julgados em tribunais e considerados inocentes. O governo de minoria branca simplesmente pegava pessoas que considerava politicamente perigosas e as jogava em campos de detenção por períodos indefinidos, muitas vezes depois de submetê-las a tortura. Os termos não eram regulamentados por lei. Um período de detenção expirado poderia simplesmente ser renovado pelas autoridades rodesianas. Os campos de detenção ficavam em áreas remotas, a maioria a quilômetros de distância de habitações humanas. Os abrigos – casernas ou *rondavels* que com o tempo foram ficando superlotados – eram construídos com chapas de ferro, de modo que dentro deles fazia um calor insuportável durante o dia e um frio horrível durante a noite e no inverno. A qualidade dos mantimentos foi diminuindo constantemente com o tempo, até que os detidos passaram a ser alimentados com pouco mais do que mingau feito de farinha de milho, chamado *sadza*. A localização extremamente remota e inacessível dos campos e o fato de estarem situados em áreas povoadas por animais perigosos, como leões, elefantes e búfalos, eram impedimentos tanto para os detentos que fugiam quanto para os visitantes. Ser ferido por um animal era uma sentença de morte lenta e dolorosa, ou corria-se o risco de ser denunciado e recapturado se procurasse ajuda. Os detidos não tinham como saber se havia ou não informantes nas aldeias vizinhas que iriam denunciar os fugitivos às autoridades. Enfim, não havia para onde ir. Retornar para a família ou amigos era colocar qualquer pessoa que pudesse ajudar em grave perigo. As chances de recaptura eram altas, caso em que a sentença seria ainda mais dura. As autoridades achavam que podiam se dar ao luxo de deixar os campos praticamente sem supervisão, fazendo visitas apenas para entregar provisões.

O que as autoridades não sabiam era que os próprios campos se tornaram importantes locais de descolonização mental africana. Enquanto o objetivo desses lugares era tornar os detidos mortos para a sociedade e para a luta política, e para si mesmos como combatentes da liberdade, os detidos ativamente criaram sociedades que proporcionavam uma nova formação social e mantinham viva a sua identidade como combatentes da liberdade. Os detidos cultivavam um espírito de desafio através da educação acadêmica e política. Eles contrabandeavam críticas escritas ao colonialismo, dos campos para a sociedade, onde despertavam a imaginação dos cidadãos comuns. Os próprios detentos reinventaram seus espaços de encarceramento como locais de iniciação a uma fase mais heroica de luta. Novos recrutas podiam ser recebidos com assobios, aplausos e parabéns por terem sido elevados a uma masculinidade mais potente e eficaz a serviço da libertação do domínio colonial. Os detentos voltavam a se comprometer com a luta e expandiam sua capacidade mental, intelectual e emocional para buscá-la. Antes de Ian Smith assinar a Declaração Unilateral de Independência em 1965, não havia supervisores ou guardas nos campos, nem limites marcados por cercas, de modo que, uma vez instalados, os detidos percorriam distâncias consideráveis a pé para interagir com as comunidades camponesas locais para politizá-las contra as autoridades rodesianas.

***

Os nacionalistas conquistaram a independência dos colonos rodesianos. Os zimbabuanos pretos estavam prontos para ver os sistemas coloniais desmantelados em todos os níveis, desde os ministérios e políticas de estado até pequenas manifestações nas ruas e salas de aula. Apesar da vitória dos nacionalistas em nível político, no entanto, o projeto de descolonização no Zimbábue não permaneceu na agenda da ZANU-PF após a independência da Grã-Bretanha em 1980. Em vez disso, por meio de uma elite político-militar partidária, a ZANU-PF adotou estratégias destinadas a reproduzir as hegemonias coloniais em seus sistemas e práticas de governo. Tal como nos tempos dos colonos, a violência foi e continua a ser um instrumento básico das autoridades pós-independência do país. O genocídio de 1983-7 em terras Matabele, no qual se estima que vinte mil pessoas foram assassinadas, é bem documentado. A violência aumentou novamente em 2000, após a fundação do Movimento para a Mudança Democrática (MDC) e suas contestações, incluindo conflitos ligados à terra que ocorreram na época em que o novo partido foi formado. As eleições presidenciais de 2002, disputadas pelo titular Robert Mugabe da ZANU-PF e por Morgan Tsvangirai do MDC como favoritos, resultaram em outra escalada na violência. Em 2005, a Operação Murambatsvina (Operação Limpar o Lixo) precedeu a eleição parlamentar. Esta ação violenta do governo destruiu as casas e/ou os meios de subsistência de setecentos mil cidadãos da cidade e deslocou mais de 2 milhões, sendo os centros urbanos vistos como redutos do MDC. Enquanto isso, Alex Magaisa nos conta sobre níveis sem precedentes de violência promovida pelo Estado entre o final de março e 27 de junho de 2008, associada a uma eleição presidencial na qual Robert Mugabe da ZANU-PF e Morgan Tsvangirai do MDC foram, novamente, os favoritos.[15] Duzentas pessoas foram mortas, outras cinco mil foram agredidas e trinta e seis mil desalojadas. Menos de uma década depois, a violência invadiu a própria ZANU-PF com os eventos que levaram ao golpe de novembro de 2017. O Fórum das ONGs de Direitos Humanos do Zimbábue informa que a violência organizada e a tortura aumentaram no Zimbábue desde novembro de 2017, quando ocorreu o golpe. Houve vinte e quatro sumiços, ou seja, sequestros, supostamente efetuados por agentes do estado em 2018. No mesmo ano, as forças do governo atiraram contra civis com munição efetiva durante uma manifestação em protesto contra os resultados das eleições. Pelo menos seis mortes e mais vítimas foram relatadas. Em 2019 houve sessenta e sete sequestros. Em 2020, quinze sequestros foram relatados, onze deles vinculados a um protesto de 31 de julho. Os sequestros normalmente são acompanhados de espancamentos e tortura. Algumas formas de tortura são alegadamente físicas, enquanto outras são consideradas degradantes, destinadas a destruir uma pessoa e privá-la de sua dignidade. Durante o genocídio em terras Matabele, foram praticadas formas ainda mais grotescas de tortura, destinadas a destruir a dignidade e a humanidade das pessoas.

Embora a indignidade e a desumanidade da tortura despertem indignação em muitos setores hoje, a lenta erosão da autoestima que acompanha um estado de pobreza crônica recebe menos atenção. O brilho, o *glamour* e o poder associados à riqueza chamam a atenção e despertam desejo. Enquanto os nacionalistas lutavam por uma plataforma de redistribuição de riqueza, o Zimbábue permanece uma economia de enclave sob a ZANU-PF. Como durante a era colonial, a riqueza é extraída de recursos humanos por meio de impostos e de recursos naturais por meio de negócios especulativos e não regulamentados, a fim de beneficiar as elites no poder e seus facilitadores.

Além da exploração econômica e da degradação sistemática praticada contra os cidadãos, registros históricos confirmam a crueldade direta, sistemática e desmedida dos colonos. Funcionários da *British South Africa Company*, companhia privada fundada por Cecil Rhodes em 1889, usavam táticas brutais para subjugar a população local quando sua autoridade era desrespeitada. Em 1892, a casa real de Moghabi, no nordeste do Zimbábue, recusou-se a reconhecer a jurisdição da Companhia em uma disputa com outra casa real. A força policial da Companhia, a Polícia Britânica da África do Sul, executou o representante da realeza Moghabi. No mesmo mês, fevereiro, um europeu foi morto no mesmo território. Como o assassino não foi identificado, a *British South Africa Company* responsabilizou uma determinada casa real. Eles queimaram várias de suas propriedades e capturaram seu representante. Denúncias de furto feitas por brancos levaram à queima da casa do líder local e à execução de pessoas sob a jurisdição dos líderes.[16] Os primeiros colonos no Zimbábue e em muitas outras partes do império britânico governavam pelo terror. O escritor Ngũgĩ wa Thiong'o descreve esse *modus operandi* em sua observação de que é impossível imaginar o colono sem um chicote de couro chamado *sjambok* na mão. O nome *sjambok* para tal chicote é onipresente nas colônias britânicas do sul e leste da África. A palavra entrou para a língua inglesa no século XIX a partir do Africâner, que o obteve da palavra malaia *samboq*. A palavra *samboq*, por sua vez, viajou para a África do Sul com pessoas malaias escravizadas por traficantes holandeses, que conheciam a palavra em Urdu. Companhias de concessão real, como a *British South Africa Company*, operavam em todos os impérios europeus. O estado rodesiano tornou-se progressivamente mais repressivo. Sua legislação prejudicou a população africana em todos os setores da vida, desde onde as pessoas poderiam viver ou receber passes oficiais em certos momentos, quais as oportunidades econômicas de que poderiam se beneficiar, quais os bens sociais que poderiam buscar, até a imposição de leis fiscais extrativas que obrigavam os homens a trabalhar recebendo pouco mais do que um salário de escravo. Era um sistema de servidão racializada.

Essas práticas coloniais afetaram a população preta tanto no nível físico quanto no psicológico. Considere o caso hipotético de uma criança faminta, cujos pais foram transferidos de uma área mais fértil, onde cultivavam o bastante para alimentar a família, e que posteriormente foram confinados a uma reserva, aquela instituição colonial onipresente de expropriação de terras localizadas em áreas estéreis. Os pais não conseguem mais cultivar comida suficiente para alimentar seus filhos.

Depois de passar muita fome, que a criança espera que acabe, mas que não acaba nunca, ela finalmente pergunta: "Mãe, por que você não me dá comida?".

A mãe responde: "Não te dou comida porque os brancos me impedem."

A mulher exerce a maternidade solo, pois seu companheiro teve que ir trabalhar na cidade ou nas minas. Após um longo período esperando que o pai retornasse, a criança pergunta: "Mãe, por que meu pai não está aqui?".

A mãe responde: "Ele não pode voltar porque foi trabalhar para os brancos que não lhe dão dinheiro suficiente para poder voltar e nos ver, pois o que ele ganha vai para pagar aos brancos o imposto que eles impõem sobre essa casa que construímos para morar."

O sofrimento psicológico crônico causado por viver sob tamanha barbárie precisava ser suportado. Os africanos ajustaram-se a esta experiência incessante de carência definindo-se como não possuidores daquilo de que uma pessoa necessita para levar uma vida digna. A luta de libertação que se seguiu ao fracasso da luta política pelo governo majoritário mencionado acima, cuja primeira batalha ocorreu em 1966, não corrigiu esta situação. Para consternação dos zimbabuanos já prejudicados por décadas de opressão colonial, a guerra resultou em mais traumas psicológicos. É consenso geral que os guerrilheiros nacionalistas mataram mais civis pretos do que as forças de segurança da Rodésia ou os rodesianos brancos. Diz-se que uma das razões para o uso de violência extrema pelos guerrilheiros contra os zimbabuanos pretos era punir os traidores e qualquer um que colaborasse com o regime rodesiano. Outra razão era superar o desencorajamento rodesiano, porque a vingança do governo inibia fortemente a expressão prática de apoio político com que a população preta em geral favorecia os guerrilheiros. A violência da guerrilha era, portanto, uma tática para superar o medo das represálias rodesianas e desincentivar a atração por recompensas que o regime rodesiano oferecia, ao incutir na população o medo das consequências da não cooperação com o esforço nacionalista, que era maior do que o medo que os pretos, em sua maioria, sentiam do regime rodesiano e seu exército.

Também nas mãos dos guerrilheiros, o povo experimentou uma mistura de traumas físicos e psicológicos.

Houve poucos esforços para reabilitação psicológica dessa longa história de trauma. A brutalidade pós-independência da ZANU-PF e a má governança apenas pioraram o tormento. A hierarquia colonial de repressão permanece, com um grupo demográfico diferente ocupando as posições de poder. Assim, ainda é comum, no Zimbábue, ouvir uma pessoa, que se percebe como sendo de *status* inferior a outra, dirigir-se a essa outra, de *status* percebido como superior, como *murungu wangu* – "minha pessoa branca". Igualar *murungu* a um *status* mais elevado do que "eu" aponta para a maneira como a colonização foi praticada por meio da reestruturação da mente, bem como da ocupação de terras dos colonizados e coerção de seus corpos. Assim como os corpos físicos foram removidos da terra para permitir que os colonos brancos se apropriassem dela, também era necessário remover os conteúdos das mentes e substituí-los por outros, para garantir que os corpos desalojados concordassem com sua movimentação e adaptação, não para serem sujeitos em si mesmos, mas objetos a serviço do projeto colonial.

A identidade africana, em todo caso, nunca se conformou com as conceituações europeias de identidade. As estruturas de parentesco que conferiam papéis hierárquicos bastante rígidos aos indivíduos em uma extensa rede familiar deixavam pouco espaço para negociar os impulsos do ego fora dessa rede de relacionamento. Ao mesmo tempo, esses papéis conferiam diferentes identidades de acordo com a identidade do outro com quem o indivíduo se relacionava, ou seja, se encontrava em determinado momento. Uma pessoa era, por exemplo, ao mesmo tempo filho caçula, irmão, tio, sobrinho, sobrinha, filho, filha e neto, com comportamentos distintos em cada um desses papéis. Esses papéis mudavam com a idade e, devido ao matrimônio, a pessoa era introduzida a uma nova rede. O comportamento considerado apropriado variava entre esses diferentes relacionamentos e isso era aceito na sociedade. Não indicava de forma alguma inconstância ou falta de caráter, mas a sabedoria de se comportar bem em todas as situações em que se encontrasse. A identidade, portanto, sempre foi mais fluida em tais ambientes, com uma pessoa ocupando muitos papéis e, portanto, carregando muitas identidades simultaneamente. Como consequência, estava dentro das possibilidades conceber a si mesmo como parte de uma estrutura de branquitude que conferia inferioridade e como um indivíduo plenamente realizado em seus próprios círculos comunitários. Todos funcionavam dentro do contexto da branquitude e faziam ajustes de identidade cabíveis. Desta forma, a modulação da identidade pelo sujeito colonial produzia comportamentos que permitiam a sobrevivência física sem as sanções extremas dos sistemas coloniais. A identidade do indivíduo pleno dentro de sua própria comunidade permitia recreação e reintegração. As divisões do *apartheid* na estrutura social possibilitavam essa dissociação. Assim se desenvolveu o fenômeno da dupla consciência, que é um aspecto persistente da subjetividade do sujeito colonial, juntamente com a hipervigilância que o mantém sempre alerta aos caprichos do colonizador e às estratégias de realização desses caprichos.

 A capacidade de dissociação com algum grau de sucesso imediato decorre de uma abordagem pragmática da vida que valoriza a sobrevivência a qualquer custo. A filosofia africana do *ubuntu*, fundada na agora bem conhecida premissa "eu estou bem se você também estiver", se baseia em tal pragmatismo. A frase é uma saudação predominante em meu grupo linguístico no Zimbábue, cujo significado subjacente pode ser traduzido assim: Se todos nos dermos bem e cada um de nós garantir que o outro esteja bem, todos ficaremos bem. O *nhimbe* é um exemplo de expressão comportamental dessa filosofia. Um *nhimbe* era essencialmente um grupo de trabalho de famílias de uma comunidade que se reuniam para trabalhar nos campos de cada uma. Outra expressão da filosofia *ubuntu* é a prática de *zunde ramambo*, o "campo" do rei. Tratava-se de uma espécie de imposto previdenciário em que as famílias davam uma certa parcela de seus rendimentos ao representante da realeza, que coordenava sua distribuição às famílias vulneráveis. Aí começou a "exploração" da África, coincidindo com a destituição do Estado britânico sob o domínio dos Tudors no final do século XVI e início do século XVII. A Coroa Britânica estabeleceu e implantou companhias de concessão real em todo o império britânico, com o resultado devastador de que três quartos do mundo ainda precisam se recuperar desse sistema.

Que a Índia era a quarta organização política mais rica do mundo antes da colonização britânica também é um fato amplamente reconhecido hoje em dia. A África, em particular a África Austral, foi introduzida no império britânico relativamente tarde, à medida que as rotas comerciais imperiais se estendiam dos portos ocidentais, incluindo os ingleses, para a Ásia e as Américas. Kehinde Andrews relata como a competição e o conflito muitas vezes cruéis e mortais da formação do estado europeu a partir do século XVI sempre se transformaram em uma espécie de *"nhimbe* de controle" do noroeste europeu "no que diz respeito a manter as colônias em um estado de subjugação".[17] Os Estados europeus podem ter competido entre si por recursos, incluindo recursos coloniais, mas estavam unidos em seu desejo de apagar da face da terra as pessoas em cujas terras se estabeleceram ou de subjugá-las completamente. Foi um tipo grotesco de grupo de trabalho, resultando em algumas das piores atrocidades da história, incluindo o genocídio de pessoas de pele marrom nas Américas e no Pacífico, e pessoas de pele preta no continente africano.

A supremacia branca foi inventada durante o Iluminismo com base em teorias que pregavam a sub-humanidade de pessoas pretas. Os padrões de pensamento e conhecimento do Ocidente moderno começaram a tomar forma durante o Iluminismo. O Iluminismo emergiu do genocídio e da pilhagem nas Américas e no Caribe que deu início ao comércio transatlântico de escravos. Cem anos depois de Cristóvão Colombo ter desembarcado na costa de uma ilha conhecida pelos habitantes locais como Guanahani, no grupo de ilhas hoje chamado Bahamas, foi uma necessidade psicológica encontrar uma justificativa intelectual para a pilhagem que se seguiu. As teorias raciais inventadas pelos filósofos europeus durante o Iluminismo forneceram uma explicação intelectual para a categorização de pessoas de acordo com marcadores fisiológicos que até hoje incluem cor da pele, textura do cabelo, proporções corporais e forma dos traços faciais, entre outros. A associação a essas categorias foi, e continua a ser, usada para classificar as pessoas na escala de animal a humano, com pessoas com alta melanina ocupando a extremidade animal e pessoas com menos melanina ocupando a extremidade humana da escala. Comerciantes europeus de pessoas escravizadas rotineiramente se referiam às pessoas de pele escura da África que escravizavam como "gado humano". Immanuel Kant, que escrevia na segunda metade do século XVIII, dizia que "a humanidade está em sua maior perfeição na raça dos brancos. Os índios amarelos têm talento escasso. Os pretos estão muito abaixo deles."[18]

Referindo-se aos pretos africanos, Kant também afirmou: "eles podem ser educados, mas apenas como servos, ou seja, eles permitem ser treinados". Seu conselho era disciplinar pessoas pretas com o uso de "uma vara, mas tem que ser fendida, para que cause feridas grandes o suficiente para evitar a supuração sob a pele grossa dos pretos." Voltaire, na França, escreveu: "Ninguém, exceto os cegos, pode duvidar de que os brancos, os pretos, os albinos, os hotentotes, os lapões, os chineses, os americanos, são raças totalmente diferentes." A ideia de que os africanos se comportam como eternas crianças, pois "são vendidos e se deixam vender sem nenhuma reflexão sobre o que é certo ou errado" foi propagada por Hegel na Alemanha. Seguindo os preceitos do continente europeu, o inglês John Locke "acreditava que os pretos eram o produto de mulheres africanas que dormiam com macacos e, portanto, que éramos sub-humanos." Enquanto isso, na Escócia, David Hume mais ou menos parafraseou Kant a respeito da superioridade dos homens brancos sobre os outros seres humanos, assim como Thomas Jefferson fez do outro lado do Atlântico. O conhecimento baseado em noções de desigualdade constrói mundos desiguais para os humanos ocuparem e sistemas desiguais em que deveremos funcionar.

A civilização ocidental tem sido sangrenta desde o primeiro século da Era Cristã, quando os romanos invadiram a Grã-Bretanha e consideraram os britânicos tão primitivos e atrasados que mal valia a pena escravizá-los. Genocídio, escravidão e colonização estão no DNA não apenas do(s) império(s) ocidental(is) moderno(s), mas de todos os impérios. Assim, o percurso específico de exploração do mundo praticado pelo império ocidental pode ser visto como uma continuação das práticas de subjugação do império romano na bacia do Mediterrâneo, através da apropriação de seu legado. Não houve ruptura na lógica do império desde os tempos clássicos no pensamento e na prática dos europeus. O império romano continua a servir como símbolo de poder e prestígio até os tempos modernos. É difícil imaginar uma lógica ocidental que não seja construída sobre o império e seus precedentes sanguinolentos. Embora os homens brancos sejam os vilões de hoje, eles não foram o único gênero de pessoas brancas que seguiu a prática da colonização. Andrews nos informa:

Embora nos lembremos dos bravos homens pioneiros do genocídio, escravidão e colonialismo, foi a rainha Isabel da Espanha quem abriu as portas para essa "descoberta" do novo mundo, e a rainha Elizabeth I quem iniciou o envolvimento industrial da Grã-Bretanha no comércio de escravos quando autorizou a missão de John Hawkins no navio negreiro *Jesus*.

É essa progressão da história, moldada por homens e mulheres brancos ao longo de meio milênio, que construiu as bases para a brutalidade contínua da desigualdade racial nas relações socioeconômicas de hoje. Essa desigualdade foi exportada da Grã-Bretanha e de outros Estados europeus, onde a sociedade era altamente estratificada. Assim, o trabalho de descolonização, embora obviamente mais urgente nas pós-colônias, precisa se voltar para a análise dos motores da colonização que residem nas estruturas sociais e econômicas da Grã-Bretanha e de outras nações colonizadoras da Europa.

As relações históricas entre pessoas com mais e menos melanina deram origem a relações fóbicas entre essas categorias. Fanon, escrevendo sobre a ocupação francesa da Argélia, apontou como o "negro" (termo usado por Fanon) é um objeto fobogênico, um estímulo à ansiedade.[19] Essa fobogênese é eficaz em duas direções. Pessoas com menos melanina são afetadas de duas maneiras. Por um lado, havia e continua a haver o terror de que pessoas com mais melanina possam um dia se vingar de maneiras indescritíveis, a chamada "ameaça negra". Por outro lado, pessoas com menos melanina sentem culpa pelo comportamento de seus antepassados e, portanto, temem os que os lembram dessa culpa. O corpo da pessoa melanizada passa a personificar essa culpa. O medo vivenciado por pessoas com menos melanina impulsiona seu investimento em estruturas contínuas de empreendimentos econômicos e sociais que subjugam os povos da África. Para eles, esse medo é um aspecto do medo existencial que todos experimentamos como humanos limitados pelo tempo, cujo período de existência terrena se estende entre as transições do nascimento e da morte.

A pessoa melanizada, por outro lado, vive em um mundo estruturado de acordo com o ego-mundo das pessoas com menos melanina, um mundo falado e criado pelo "eu" coletivo da sociedade branca. Como as pessoas melanizadas foram excluídas dele, este mundo declara constantemente aos pretos: "por não ser como eu sou, você é um não eu". O ambiente em que vivemos estrutura nossos mundos afetivo, comportamental e perceptivo. Assim, as pessoas melanizadas que vivem em um mundo de pessoas brancas – em que todos nós, para mais ou para menos, vivemos – passam a se identificar como não eus, também em maior ou menor grau, ou devem gastar muito tempo, energia e recursos para construir e manter uma ideia saudável de seu próprio eu inegado, ou seja, positivo. No extremo em que há negação, seus corpos tornam-se objetos de terror para si mesmos. O controle do medo em pessoas melanizadas também se manifesta de diferentes formas. Indivíduos podem se tornar apáticos ou deprimidos. Outros podem ficar enraivecidos. São duas reações à interrupção de seu eu, historicamente nos deslocamentos e outros traumas vivenciados por seus antepassados, e hoje pela interrupção de suas esperanças e aspirações pela imposição da categoria da negritude. Os deprimidos tornam-se os melanizados improdutivos que se conformam com o estereótipo de docilidade e incompetência. Os enraivecidos tornam-se os melanizados assustadores com os quais é necessário lidar. Essas são as duas extremidades do espectro, com muitas gradações entre elas. A capacidade de funcionamento de nenhuma pessoa melanizada escapou de ser afetada de alguma forma perturbadora pelas estruturas branco-centradas do mundo em que vivem. Outras pessoas melanizadas tornaram-se cúmplices. Para elas, o colonialismo era benigno. Elas se esforçam para cooperar e respeitar suas estruturas. Essa cumplicidade pode ser consciente ou inconsciente. Em outros casos, essas pessoas melanizadas cúmplices são muitas vezes recompensadas por sua aquiescência às demandas de um mundo branco, sendo elevadas economicamente ou de outras maneiras que são valorizadas nesse mundo, como estatura social.

A cumplicidade era muitas vezes a escolha mais racional, aquela que garantia a sobrevivência. Entre as armas e os *sjamboks*, os missionários com suas missas, comunhões e bíblias, e a invasão dos colonos, era pragmático aproveitar o que era oferecido para prolongar ou melhorar a vida, que era miserável para quem não se submetia. Se o custo da educação, do trabalho e do uniforme militar que permitiam viver em relativa paz era transformar o corpo em peça útil à empreitada colonial, que assim fosse. Foi assim que meus pais conseguiram bolsas de estudo para fazer mestrado na *University College London*. Foi assim que deixei de existir por muitos anos, e como meu vir a ser, passado e presente, requer o preenchimento de um grande abismo, o que constantemente procuro fazer com palavras. As armas já estavam silenciosas então, mas a estrutura fundamental dos relacionamentos persistia, como acontece no presente.

Na época em que meus pais foram à Inglaterra em 1961, para a fase britânica de sua educação, havia décadas os africanos iam ao Reino Unido para o ensino superior. Muitos deles ficavam no radar atento do *Colonial Office*[XXIV]. A princípio, os alunos – que na época eram todos homens – se mudavam para o Reino Unido sozinhos, deixando suas esposas ou filhos para trás. As autoridades coloniais

---

[XXIV] *Colonial Office*: Agência Governamental, um Departamento do Reino da Grã-Bretanha, depois Reino Unido. Servia para vigiar e supervisionar as colônias. Era dirigido pelo Secretário de Estado para as Colônias (*Colonial Secretary*).

constataram que, ao regressarem, estes alunos encontravam dificuldades em reintegrar-se às suas famílias. Eles também estavam preocupados com o número significativo de relacionamentos e casamentos entre estudantes africanos e mulheres britânicas que resultavam da presença de homens pretos sozinhos no Reino Unido. Em 1955, o *Colonial Office* alterou sua política para encorajar os estudantes do sexo masculino a viajarem com suas famílias. No mesmo ano, o primeiro anúncio de assistência social para crianças africanas na Grã-Bretanha apareceu em uma revista de Londres.[20] Em 1960, havia onze mil estudantes africanos – a maioria ganenses e nigerianos – estudando no Reino Unido, muitos dos quais tinham filhos sendo cuidados em lares adotivos. Os lares da classe trabalhadora branca eram o destino das crianças africanas, que, esperava-se, ao voltarem para a África seriam de classe média. Kent, Surrey, East Sussex, Hertfordshire e Essex eram os destinos típicos.[21]

Pouco se sabe sobre as consequências dos lares adotivos daquela época. Quando eu já estava madura e calma o suficiente para falar com ela racionalmente sobre o assunto, minha mãe me disse que pensava que esse acolhimento era parecido com os arranjos familiares que eram e continuam a ser comuns no Zimbábue. De qualquer forma, os pais africanos consideravam desafiadores os rigores do cuidado com crianças em terras inglesas. Frequentemente, as esposas também estudavam. A romancista nigeriana Buchi Emecheta escreveria, em seu romance *Cidadã de Segunda Classe*: "Em casa, na Nigéria, tudo o que uma mãe tinha que fazer por um bebê era dar banho e alimentá-lo e, se ele estivesse inquieto, amarrá-lo nas costas e continuar seu trabalho enquanto o bebê dormia. Mas na Inglaterra ela tinha que lavar pilhas e pilhas de fraldas, levar a criança no carrinho para tomar sol durante o dia, atentar-se à sua alimentação tão regularmente como se estivesse servindo a um patrão, conversar com a criança, mesmo que ela tivesse apenas um dia de vida! Ah, sim, na Inglaterra, cuidar de um bebê já era um trabalho de tempo integral."[22] Consegui entender por que minha mãe havia optado por mandar para um lar adotivo os dois filhos que trouxe da Rodésia do Sul e aquela que teve na Inglaterra, mas acho que ela nunca entendeu o que a experiência fez conosco. Espero que ela nunca tenha entendido.

Relatos começam a surgir. O filme de Shola Amoo, lançado em 2019, *The Last Tree*, que estreou no Festival de Cinema de Sundance, retrata a luta de um menino nigeriano para se conectar com sua mãe biológica em Londres em seu retorno depois de ter sido criado em Lincolnshire. Outras crianças africanas mandadas para lares adotivos nas décadas de 1970 e 1980 acabaram na terapia.[23] A maioria dos relatos acessíveis são de crianças que voltaram a morar com seus pais biológicos na Inglaterra. O retorno à África acrescenta outra dimensão à ruptura. Em Mutare, na década de 1960, meu irmão costumava me dizer: "Tsitsi, eu não pertenço mesmo a esta família. Eu sou adotado." Eu não entendi o pedido desesperado de ajuda em suas palavras até ser adulta, quando já era tarde demais. Ele não sobreviveu. Não há um dia em que eu não pense em como a colonização despedaçou minha família e, ainda assim, apesar de ter arranhado meus mamilos e me cortado com vidro quando criança – tudo isso passou despercebido em meu lar adotivo – e viver de luto por um irmão que morreu muito jovem, sou uma daquelas cuja experiência é branda em comparação a milhões de outros ao longo dos séculos, e que conseguiu algum sucesso em minha vida como intelectual e produtora de narrativas em diversos meios. No entanto, os espaços para nossos produtos discursivos permanecem pequenos, as oportunidades limitadas e nossa produção é subvalorizada em todos os setores.

Em novembro de 2021, o governo de Boris Johnson nos lembrou como a supremacia branca faz parte do DNA da sociedade britânica. Em 9 de novembro, um laboratório de Botsuana, dirigido por um virologista do Zimbábue, identificou e iniciou o sequenciamento de uma nova variante do vírus Covid-19, que mais tarde seria chamada de Omicron. A África do Sul também sequenciou o vírus e retransmitiu as informações que encontrou para o mundo em 25 de novembro do mesmo ano. O Reino Unido proibiu a entrada de viajantes de onze países da África Austral quase imediatamente. Outros países logo seguiram o exemplo. O jornal alemão *Rheinpfalz* publicou uma manchete dizendo: "O vírus africano está aqui", enquanto o jornal espanhol *La Tribuna de Albacete* publicou uma charge mostrando uma carga de variantes do vírus com pele escura e cabelos cacheados em um barco com bandeira sul-africana se aproximando da costa onde estava hasteada uma bandeira da União Europeia. Ambos os jornais pediram desculpas por suas publicações após protestos de um público diversificado, e isso é um progresso. Ainda assim, o fato de terem sido feitas indica que a ideologia supremacista branca antipretos ainda é uma parte normal das relações no século XXI. Em vez de Botsuana e África do Sul serem elogiados por sua excelente ciência, esses países africanos e seus cidadãos foram punidos. As próprias proibições de viagens reforçaram aos olhos do mundo que a África é um lugar doente e perigoso, mesmo sabendo que o vírus Covid-19 teve origem na China e a variante Omicron estava presente em países europeus antes de ser sequenciada em Botsuana.

Embora sejamos todos afetados pelos sistemas da modernidade que destroem a vida humana e outras, bem como o próprio planeta, e todos precisemos acabar com seus efeitos se quisermos prolongar nossa presença neste planeta e maximizar o bem-estar para o maior número de pessoas e formas de vida, temos tarefas diferentes. Pessoas melanizadas ainda vagam por pântanos de negatividade, ainda tentam alcançar o princípio que foi removido quando nosso ser foi sugado de nossos corpos pelas forças da colonização. Nosso sofrimento é o equivalente metafísico de um membro-fantasma.

***

Estamos em um momento de tomada de decisão sobre quais conhecimentos usaremos para traçar nosso futuro e qual lógica permitiremos que nos guie para superar os desafios de nossa época, como mudanças climáticas, sustentabilidade, imigração e desigualdade. A Terra e seus sistemas não estão abertos. Não podemos mudar a Terra, um fato que não nos deixa outra escolha além de mudar a nós mesmos. Fugir para outro planeta não vai ajudar, por mais que quisermos. Simplesmente levaremos conosco a ideologia supremacista branca destrutiva se não fizermos escolhas diferentes primeiro. Este momento é pelo menos tão fundamental para o que vem pela frente quanto as decisões tomadas durante o Iluminismo foram para o caminho daquela época. Se a lógica do Iluminismo era o racismo, a escravidão, o genocídio e a colonização, a descolonização é a única lógica que oferece esperança de futuro. A lógica do império ainda reina. Uma pesquisa de 2014 mostra que 59% dos britânicos acham que o império é algo para se orgulhar.[24] É difícil erradicar uma prática que já dura meio milênio, quaisquer que sejam as concentrações de melanina. No entanto, a trajetória das gerações atuais e futuras depende desse desenraizamento.

Um anúncio que vi enquanto caminhava em Schöneberg, Berlim, aconselhava: "Lute contra o racismo na rua e na sua cabeça". "Cabeça" refere-se a sistemas cognitivo-afetivos individuais. São esses sistemas cognitivo-afetivos individuais que se reúnem no espaço público para conversar e iniciar a ação. Assim, nossos sistemas cognitivo-afetivos são o único local verdadeiro de descolonização. Uma descolonização que liberte do medo exige uma nova revolução do imaginário e de seus produtos. Essa revolução da produção imaginária e imaginativa só pode ser realizada trazendo à consciência os produtos discursivos daqueles que foram relegados ao *status* subjetivo de "não eu", apesar da ansiedade e do medo que esse "não eu" e, portanto, seus produtos, possam induzir. Esses produtos discursivos da imaginação e do esforço das pessoas pretas foram suprimidos e desvalorizados pelos sistemas coloniais – social, político e econômico – durante séculos, e continuam a ser. Não lutar pela igualdade discursiva nos manterá em nossa atual trajetória. Há indícios de que esta trajetória nos levará, talvez mais cedo do que esperávamos, a um lugar de dor que está além da dor de enfrentar o "não eu" colonial, um espectro que paira sobre todos nós.

NOTAS

1. L. I. Izuakor, 'Kenya: The Unparamount African Paramountcy', *Transafrican Journal of History* 12 (1983), p. 33–50.
2. W. R. Whaley, 'Race Policies in Rhodesia', *Zambezia* 3:2 (1973), p. 31–7, https://journals.co.za/doi/pdf/10.10520/AJA03790622_369.
3. Alan Cousins, 'State, Ideology, and Power in Rhodesia, 1958–1972', *The International Journal of African Historical Studies* 24:1 (1991), p. 35–64.
4. Chengetai J. M. Zvobgo, 'Shona and Ndebele Responses to Christianity in Southern Rhodesia, 1897–1914', *Journal of Religion in Africa*, 8:1 (1976), p. 41–51.
5. *Doze anos de escravidão*, dir. Steve McQueen, 2013.
6. Mudei o nome desta pessoa para respeitar sua privacidade.
7. Kimberlé Crenshaw, *On Intersectionality: The Essential Writings of Kimberlé Crenshaw*, The New Press, New York, 2019.
8. Simon Coldham 'The Status of Women in Zimbabwe: *Veneria Magaya v. Nakayi Shonhiwa Magaya* (SC 210/98)', *Journal of African Law*, 43:2 (1999), p. 248–52
9. Coldham, 'Status of Women'.
10. Reni Eddo-Lodge, *Why I'm No Longer Talking to White People about Race*, Bloomsbury, London, 2018, p. 4.
11. Entrada de 17 de maio de 1925, *The Diary of Virginia Woolf, vol. 3: 1925–1930*, ed. Anne Olivier Bell and Andrew McNeillie, Harvest/HBJ: New York and London, 1981, p. 23.
12. Chamávamos o filho e a nora de Papai e Mamãe, seguidos de seus primeiros nomes. Eu mudei os nomes.

13. Norman Atkinson, 'Racial Integration in Zimbabwean Schools', 1979–1980, *Comparative Education*, 8:1 (1982), p. 77–89.
14. Luise White, 'The Traffic in Heads: Bodies, Borders and the Articulation of Regional Histories', *Journal of Southern African Studies*, 23:2, Special Issue for Terry Ranger (June 1997), p. 325–38.
15. Alex Magaisa, 'BSR: Presidential Amnesty and Impunity in Zimbabwe', BSR [blog], 22 April 2016, https://bigsr.africa/the-big-saturday-readpresidential-amnesty-a-short-history--ofimpunity-and-political-violence-in-zimbabwe-d93/.
16. John S. Galbraith, *Crown and Charter, The Early Years of the British South Africa Company*, UC Press, 2021.
17. Kehinde Andrews, *The New Age of Empire: How Racism and Colonialism Still Rule the World*, Penguin, 2021.
18. Andrews.
19. Frantz Fanon, *Black Skin, White Masks*, trans. Charles Lam Markmann, London: Pluto Press, 1986.
20. Jordanna Bailkin, 'The Postcolonial Family? West African Children, Private Fostering, and the British State', *The Journal of Modern History*, 81: 1 (March 2009), p. 87–121.
21. Bailkin.
22. Buchi Emecheta, *Second Class Citizen*, Penguin Random House UK, 2021.
23. Ade Onibada, '5 People Shared With Us How Being "Farmed" To White Families Impacted Their Lives And How They See Race', Buzzfeed News, 10 Oct. 2019, https://www.buzzfeed.com/adeonibada/farming-foster-care-black-children-white-families.
24. Will Dahlgreen, 'The British Empire is "something to be proud of"', YouGov [blog], 26 July 2014, https://yougov.co.uk/topics/politics/articles-reports/2014/07/26/britain-proud-its-empire.

A AUTORA

TSITSI DANGAREMBGA nasceu na Rodésia, hoje Zimbábue. É escritora, cineasta, dramaturga, poeta, professora e mentora. Atualmente vive em Harare, capital do Zimbábue. Tsitsi é feminista e ativista. É idealizadora e diretora de diversos projetos e programas que dão suporte financeiro e técnico para mulheres que atuam como artistas e cineastas no Zimbábue e na África como um todo.

Tsitsi Dangarembga foi a primeira mulher negra do Zimbábue a publicar um livro em Inglês: *Nervous conditions* (1988), publicado no Brasil, pela Kapulana, como *Condições nervosas*.

TSITSI DANGAREMBGA NO BRASIL

É autora da trilogia de ficção cuja protagonista é Tambudzai, e de um livro de ensaios, publicados pela Kapulana:

- *Condições nervosas* (*Nervous conditions*, 1988). Tradução: Carolina Kuhn Facchin. São Paulo: Kapulana, 2019.
- *O livro do Não* (*The book of Not*, 2006). Tradução: Carolina Kuhn Facchin. São Paulo: Kapulana, 2022.
- *Esse corpo lamentado* (*This mournable body*, 2018). Tradução: Carolina Kuhn Facchin. São Paulo: Kapulana, 2022.
- *Preta e mulher* (*Black and female*, 2023). Tradução: Carolina Kuhn Facchin. São Paulo: Kapulana, 2023.

OBRA (literatura, cinema e teatro):

1983 – *The lost of the soil*. Harare: University of Harare.

1985 – *"The letter"* (conto), em Whispering Land: *An Anthology of Stories by African Women*. Stockholm: SIDA, Office of Women in Development.

1987 – *She no longer weeps* (peça). Harare: College Press Publishers.

1988 – *Nervous conditions*. London: The Women's Press Ltd.; Oxfordshire: Ayebia Clarke Publishing Ltd., 2004; São Paulo: Kapulana, 2019; Minneapolis: Graywolf Press, 2021; London: Faber & Faber Ltd., 2021.

1993 – *Neria* (autoria).

1996 – *Everyone's child* (coautoria e direção).

2000 – *Hard earth: land rights in Zimbabwe*. Nyerai Films.

2004 – *Mother's day* (curta-metragem). Melhor Curta Africano, Cinema Africano, Milão, em 2005; Melhor Curta no Festival Internacional de Cinema do Zanzibar, 2005; Melhor Curta no Festival de Cinema do Zimbábue, 2004).

2006 – *The book of Not*. Oxfordshire: Ayebia Clarke Publishing Ltd.; Minneapolis: Graywolf Press, 2021; London: Faber & Faber Ltd., 2021; São Paulo: Kapulana, 2022.

2010 – *I want a wedding dress* (longa-metragem).

2011 – *Nyami Nyami and the evil eggs* (curta-metragem musical).

2012 – *Kuyambuka (Going Over): cross boarder traders*. (documentário; produção).

2018 – *This mournable body*. Minneapolis: Graywolf Press; London: Faber & Faber Ltd., 2020. São Paulo: Kapulana, 2022.

2022 – *Black and female*. London: Faber & Faber Ltd. (e-book); Minneapolis: Graywolf Press, 2023; São Paulo: Kapulana, 2023.

PRÊMIOS e DESTAQUES

1989 – *Nervous conditions* (*Condições nervosas*): vencedor do The Commonwealth Writers' Prize.

2007 – National Arts Merit Award Arts Personality of the Year.

2008 – National Arts Merit Award for Service to the Arts.

2008 – Zimbabwe Institute of Management Award for National Contribution.

2012 – Zimbabwe International Film Festival Trust Safirio Madzikatire for Distinguished Contribution to Film.

2018 – *Nervous conditions* (*Condições nervosas*): Um dos 100 livros que moldaram o mundo (BBC).

2020 – *This mournable body* (*Esse corpo lamentado*): 2020 Booker Prize for Fiction (finalista).

2021 – Tsitsi Dangarembga: The PEN Award for Freedom of Expression.

2021 – Tsitsi Dangarembga: Prêmio da Paz na Feira do Livro de Frankfurt" (Peace Prize of the German Book Trade).

2021 – Honorary Fellowship of Sidney Sussex College, Cambridge.

2021 – PEN Pinter Prize from English PEN.

2022 – Windham-Campbell Literature Prize (fiction).

fontes	Quicksand (Andrew Paglinawan)
	Josefin Sans (Santiago Orozco)
	Crimson (Sebastian Kosch)
papel	Capa: Cartão Supremo 250gr/m2
	Miolo: Pólen Soft 80 gr/m2
impressão	Maistype